무엇을 배우고, 어떻게 가르쳐야 하나?

교육 혁명

AI 교육 혁명

초판 1쇄 발행 2021년 1월 15일
초판 6쇄 발행 2023년 1월 2일

지은이 이주호 정제영 정영식
펴낸곳 (주)에스제이더블유인터내셔널
펴낸이 양홍걸 이시원

블로그·인스타·페이스북 siwonbooks
주소 서울시 영등포구 국회대로74길 12 시원스쿨
구입 문의 02)2014-8151
고객센터 02)6409-0878

ISBN 979-11-615-0441-4

시원북스는 (주)에스제이더블유인터내셔널의 단행본 브랜드
입니다.

독자 여러분의 투고를 기다립니다.
책에 관한 아이디어나 투고를 보내주세요.
cho201@siwonschool.com

무엇을 배우고, 어떻게 가르쳐야 하나?

AI
교육 혁명

이주호, 정제영, 정영식 지음

시원
북스

1장 New Normal · 뉴노멀 시대의 교육
인공지능이 바꾸는 교실

03 인공지능 교육, 무엇이 어떻게 다를까

3장 Narrowing the Gap · 격차 해소
표준화를 넘어 개개인성을 향해

— 인공지능 교육의 시대가 온다 —

학생 모두가 행복할 수 있는 교육을 위해

기존 학교 교육은 일부 학생에게는 좋은 경험과 기억일 수 있지만, 더 많은 학생에게는 고통과 슬픔을 안겨주었다. 정책 담당자, 교육 전문가 등 각계각층의 많은 사람들이 학생 모두가 행복할 수 있는 교육제도를 마련하기 위해 고민해왔지만, 성공적인 교육 개혁은 여전히 이루지 못했다. 지능정보화 시대로 빠르게 진입하고 있는 오늘날 교육 분야에 '인공지능(AI)' 기술을 도입하자는 목소리에 힘이 실리고 있다. 입시 위주의 획일적인 교육 풍토를 바꿀 수 있는 혁신의 지렛대가 될 수 있을 것이라는 기대 때문이다.

인공지능의 진화는 기술적 영역을 넘어 사회의 모든 영역에서 파괴적 혁신을 이끌어내고 있다. 실제로 인공지능 교육은 전 세계 여러 국가에서 교육 불평등 문제를 해소하기 위한 가장 현실적인 대안으로 떠오르고 있다.

많은 교사들이 학교 교육에서 느끼고 있는 공통적인 고민 가운데 하나는, 다양한 수준의 학생들에게 '맞춤형 교육'을 하지 못하고 있다는 점이다. 정해진 진도를 나가야만 하는 교사들에게 맞춤형 교육은 엄두조차 내기 힘든 일이다. 이러한 '진도 빼기' 교육은 학년이 올라갈수록 심해지고, 그에 따라 학생들의 격차는 더욱 커진다. 인공지능 기술을 활용한 다양한 에듀테크(Edu-Tech) 시스템은 교사들에게 맞춤형 교육의 가능성을 열어줄 수 있다. 흥미로운 예로 영화 〈아이언맨〉 시리즈에 등장하는 주인공의 인공지능 비서 자비스를 떠올려 보자. 인공지능 프로그램인 자비스는 네트워크에 연결된 빅데이터를 분석해 주인공이 원하는 정보를 전달할 뿐만 아니라 데이터를 통해 학습하며 진화한다. 주인공은 자비스의 도움으로 일을 효율적으로 처리하고 자신의 역량 이상을 발휘한다.

우리가 꿈꾸는 미래의 교육 현장은 이처럼 교사가 인공지능 기술의 도움을 받아 학생 누구도 소외되지 않고 개인별로 맞춤형 교육을 자유롭게 받을 수 있는 모습일 것이다. 학생들의 학습 경험을 데이터로 수집하고, 분류하고, 평가하고, 기록하는 일은 'AI 개인교사(또는 AI 보조교사)'에게 맡기고, 인간 교사는 학생들의 진로를 함께 설정하고, 동기 수준을 높여주고, 피드백 해주는 맞춤형 코치로서의 역할을 수행하는 것이다.

　실제로 인공지능과 빅데이터 등의 기술은 우리 일상에 깊숙이 들어와 있다. 스마트폰 카메라로 사진을 찍을 때 가장 어울리는 초점을 자동으로 맞춰주고, 얼굴을 찍은 사진의 잡티나 점을 터치 한 번으로 사라지게 하고, 배경만 따로 떼어서 어울리는 다른 배경으로 바꾸는 것이 가능하다. 과거에는 고급 카메라나 그래픽 툴을 이용하여 전문가만이 할 수 있었던 이런 기술을 이제는 간단한 애플리케이션을 이용하여 누구나 쉽게 촬영하고 편집할 수 있게 되었다. 이러한 일이 가능한 이유는 애플리케이션 속에 '인공지능'이 탑재되어 있기 때문이다. 인공지능은 인물과 배경을 구분할 수 있고, 인물과 어울리는 배경을 스스로 찾아 추천할 수 있다. 또 AI 스피커는 내가 좋아하는 음악을 알아서 틀어주고, 날씨 정보나 일정에 대해 물어보면 즉시 답해준다.

　이러한 인공지능 기술이 교육에 도입된다면 어떻게 될까? 다양한 환경 속에 자라나고 있는 학생들이 학습 능력을 향상시키기 위해 어디에 초점을 둬야 할지를 알려주고, 학생들에게 가장 적합한 콘텐츠를 추천해주고, 학생들의 수업 활동을 모니터링하여 학습을 진단하고 분석하고 처방하는 것이 가능할 것이다. 또 학생들이 공부할 때 모르는 것이 있으면 언제든지 답해줄 수 있는 인공지능 챗봇은 학습의 맥을 끊지 않고 지속할 수 있게 도와줄 것이다. 그리고 학생들의 질문과 학습한 콘텐츠를 인공지능이 종합적으로 분석하여 교사에게 제공할 수 있을 것이다. 그러면 교사들은 수업 시간에 관찰한 학습 행태와 결합하여 학생별로 최적화된 학습을 제공하고, 자신의 수업을 개선할 수 있다.

　앞에서 언급한 교사들의 고민처럼 전국의 모든 교실에서 학생들이 괴로워하고 있는 문제는 교사가 진행하는 수업이 나의 학습 수준에 맞지 않는다는 점이다. 내가 필요로 하는 개별화된 수준의 학습, 즉 맞춤형 학습이 이루어지지 않는다는 것이다. 이러한 교육이 시행되는 기존 학교 구조는 학생들이 학습에 몰입하지 못하는 가장 근본적인 원인이라고 할 수 있다. 현재 활용되고 있고, 더욱 발전하고 있는 AI 개인교사 시스템은 학생의 수준에 맞춰 학생이 원하는 목표에 성공할 때까지 학습을 지원해준다. 빅데이터 분석을 통해 생성된 알고리즘은 학생이 학습에 성공할 수 있는 가장 효율적인 경로로 안내해준다. 또한 결과에 대해서 즉각적인 피드백과 학습 개선을 이끌어줄 수 있다.

한편 학부모들은 자녀에게 가장 적합한 학습 환경을 제공해주지 못한다는 점에 대해 걱정한다. 학교는 물론이거니와 학원 등의 사교육을 통해서도 우리 아이에게 맞는 학습 환경을 지원해주는 데에는 한계가 있다. 특히 사교육에 따른 경제적 부담과 사회적 문제는 부모에게 큰 부담이 아닐 수 없다. AI 개인교사는 이 같은 학부모들의 걱정을 덜어줄 수 있는 효과적인 대안이 될 수 있을 것으로 보인다.

하지만 그동안 인공지능이나 클라우드와 같은 신기술을 활용한 에듀테크를 학교 현장에 도입하는 것에 대한 우려의 목소리가 높았다. 교육적인 효과가 충분히 검증되지 않은 에듀테크를 교육에 접목하여 생길 수 있는 부작용이 우려되기 때문일 것이다. 그러나 '코로나19' 감염병 사태로 인해 사상 초유의 온라인 개학과 전면적인 원격수업이 추진되면서, 에듀테크는 우리 교육에 없어서는 안 될 존재가 되었다. 이제 에듀테크는 선택이 아니라 필수가 되었다. 코로나19 사태가 종식되더라도 재택근무와 개인 위생이 강화됨에 따라 코로나19 이전 생활로 돌아가는 것은 사실상 불가능하다. 교육 분야에서 원격수업과 등교 수업의 병행은 일상화될 것이다. 그에 따라 인공지능과 같은 에듀테크를 활용한 교육은 지속될 것이다.

많은 사람들이 코로나19가 미래 교육을 불러왔다고 말한다. 준비되지 않은 상황에서 코로나19로 인해 전국적으로 온라인 수업에 직면했다. 실제로 온라인 수업을 이렇게 획기적으로 실험한 것은 우리 모두에게 처음이었고, 변화의 필요성을 일깨워준 소중한 경험이었다. 물론 온라인 교육의 긍정적인 측면 외에도 여러 가지 문제점들이 드러났다. 온라인 수업에 따른 학습 격차에 직면하면서 학교와 교사의 중요성에 대해서도 다시 한

번 생각해보는 계기가 되었다. 우리는 이 소중한 경험을 모든 학생에게 행복한 교육을 제공할 수 있는 기회로 만들어야 한다. 인공지능 기술을 교육적으로 활용하여 모든 학생이 원하는 학습을 할 수 있는 환경을 만들어주어야 한다.

필자들은 근래 인공지능 교육에 대해 생각하고, 글을 쓰고, 현장에 접목하느라 여념이 없다. 과거부터 지금까지 기존 교육의 가장 치명적인 문제는, 교육이 오히려 낙오자를 만들어낸다는 것이었다. 이 문제는 필자들이 지금까지 교육을 연구하고, 교육을 바꾸기 위해 정책을 기획하고 집행하며 변화를 위해 시도한 어떤 좋은 아이디어로도 끝까지 풀지 못한 난제였다.

그러나 이제는 인공지능의 도움으로 개념적 지식의 기초 위에 인성, 창의성, 융합 역량, 비판적 사고력, 컴퓨팅 사고력까지 갖출 수 있는 세상이 열리고 있다. 가능한 많은 학생에게 이러한 교육을 제공할 수 있도록 하는 것만큼 교육자로서 의미 있는 일이 또 있을까? 그러나 교육제도는 결코 쉽게 바뀌지 않기에 가능한 많은 교사들, 정책 담당자들, 학부모들이 공감할 수 있도록 인공지능 교육에 관한 책을 집필하게 되었다.

이 책은 교육 분야에서 왜 인공지능을 도입해야 하고, 어떻게 활용해야 하는지, 그로 인해 우리 교육은 어떻게 변화해야 하는지와 같은 근본적인 질문에 답하고자 노력했다. 인공지능 중심의 미래 사회에 대한 막연한 기대나 우려가 아닌, 제대로 알고 준비하는 데 필요한 기본적인 인공지능 교육 도서가 되기를 기대하며 집필했다.

특히 이 책이 학생을 가르치는 교사와 자녀를 키우는 학부모, 교육 관련 정책을 입안하는 담당자에게 인공지능의 기본 개념뿐만 아니라 구체적인 교육 내용과 사례를 제공함으로써 미래 교육을 준비하는 데 도움이 되었으면 하는 바람이다. 무엇보다 이 책을 읽고 독자들이 교육 혁신에 대한 필요성을 절실히 느끼고, 그것을 실현하는 과정에서 인공지능 교육의 역할에 대해 긍정적인 견해를 갖게 된다면 그보다 큰 보람은 없을 것이다.

1장 New Normal · 뉴노멀 시대의 교육

인공지능이 바꾸는 교실

01
새로운 가치
새로운 표준을 정의하다

19세기 학교에서 공부하는 21세기의 아이들

과학철학자 토마스 쿤(Thomas Kuhn)은 그의 저서 《과학혁명의 구조(The structure of scientific revolutions)》에서 과학 발전은 점진적으로 이루어지는 것이 아니라 패러다임의 교체에 의해 혁명적으로 일어난다고 주장했다. 오늘날 기술의 발전 속도가 경이로울 정도로 빠르고, 기술의 영향력이 우리의 삶에 큰 변화를 끼치고 있기에 그 주장이 더욱 인상 깊게 다가오는 듯하다.

2016년 세계경제포럼(WEF, 일명 다보스포럼)에서 처음으로 '4차 산업혁명'이 의제로 다뤄진 이후 많은 학자와 전문가, 기업가들은 4차 산업혁명과 그에 따른 사회 변화에 대해 논의를 이어오고 있다. 그로부터 5년이 흐른 지금 일반 대중도 인공지능(AI)과 사물인터넷(IoT), 빅데이터, 자율주행 등 4차 산업혁명의 핵심 기술이 적용된 제품을 직간접적으로 경험하며 생소하기만 했던 4차 산업혁명을 인정하기 시작했고 그 영향을 고민하고 있다.

현재 일어나고 있는 경제, 사회 변화의 흐름이 패러다임의 전환을 가져오는 파괴적 혁신의 시작인지는 아직 알 수 없다. 하지만 어제와 다른 오늘을 만드는 그 변화의 한가운데 '인공지능' 기술이 주요한 역할을 하고 있고, 어떤 방식으로든 우리의 삶에 영향을 미칠 것이다. 변화의 여파는 그 대상을 따지지 않는다.

아무도 미래를 예측할 수는 없지만, 역사적으로 세상의 변화를 주도하는 것은 기술이었고 이를 부정하기는 어렵다. 우리는 원하든 원하지 않든 불가피한 변화를 요구받고 있다. 따라서 변화의 한가운데서 우리가 적응해야 할 것들이 무엇인지 생각해봐야 한다. 변화를 받아들이고 그에 대응하기 위해 불편함을 배우는 것은 또 다른 용기다. 그리고 변화를 좀 더 문화적으로 향유할 수 있는 인문적 소양을 키워주는 것은 '미래 교육'의 중요한 역할이다.

인공지능은 거스를 수 없는 흐름

기술이 인간의 능력을 넘어서고 있는 오늘날, 교육 혁신을 이끌어내야 한다는 목소리가 높다. 이는 앞으로 '인간은 무엇을 해야 하는가', '우리는 어떤 인간이 되어야 하는가'에 대한 고민이자, 인간에 대한 이해가 필요하다는 의미다.

안타깝게도 지난 100여 년 동안 학교와 교육제도는 크게 변화가 없었다. 우리는 부모 또는 조부모 세대가 다녔던 학교에서, 100년 동안 유사한 교과목을 비슷한 방식으로 지금까지도 배우고 가르치고 있다. 지금껏 입시제도는 수차례 바뀌었으나 근본적인 틀은 변하지 않았다.

우리나라 교육 실태를 논할 때 흔히 인용되는 "19세기 교실에서 20세기 교사가 21세기 학생들을 가르친다"는 엘빈 토플러(Alvin Toffler)의 말은 현재도 여전히 사실이다. 그는 "한국의 학생들은 하루 15시간 동안 학교와 학원에서 미래에 필요하지도 않은 지식과 존재하지도 않을 직업을 위해 시간을 낭비하고 있다"라고 지적한 바 있다. 그의 말처럼 우리나라의 교육 시스템은 아직도 19세기에 머물러 있다.

인공지능 기술이 기하급수적으로 발전하면서 앞으로 4차 산업혁명 시대를 살아갈 세대는 엄청난 교육 변화를 경험할 것이다. 인공지능이 함께하는 교육 현장에서는, 학습자가 과거와는 전혀 다른 학습을 경험하게 된다. 세계적으로 교육의 향후 10년의 변화는 과거 100년의 변화보다 크고, 향후 50년의 학습 변화는 과거 수천 년의 변화보다 더 크다.

이 책은 한 걸음 성큼 다가온 '인공지능 시대'에 교육은 무엇을 가르쳐야 하고, 동시에 어떻게 가르쳐야 하는가에 대한 논의를 담고 있다. 인공지능 시대에 필요한 역량을 키워주기 위해 인공지능을 활용하여 현재 가르치는 내용과 방식을 근본적으로 바꿔야 한다.

특히 코앞에 닥친 한 세대 동안은 인공지능이 교육을 근본적으로 바꿀 것이다. 이것은 먼 미래가 아닌 나 자신, 내 자녀, 그리고 내 손자 세대가 겪어야 할 변화이자, 이미 와 있는 미래다.

2016년 3월 구글 딥마인드가 개발한 인공지능 바둑 프로그램 알파고가 천재 바둑기사로 불리는 이세돌과의 경기에서 보여준 엄청난 기술 역량은 현재 초등학교 입학생 중에서 65퍼센트가 현존하지 않는 직업을 가지게 될 것이라는 다보스포럼의 전망을 생생하게 확인시켰다. 무엇보다 인공지능에 대체되지 않을 역량을 키워야 한다는 인식을 사람들에게 각인시켰다.

바둑의 역사는 알파고 이전과 이후로 나뉘는데, 가장 눈에 띄는 바둑계의 변화는 바둑 학습의 변화다. 프로 바둑기사뿐 아니라 바둑 애호가도 인간 고수들의 기보를 두며 바둑을 익히기보다는, 인공지능의 수법을 이해하고 실전에 적용하는 공부를 하고 있다. 즉 바둑 학습에 인공지능 소프트웨어를 활용하고 있다. 알파고 이후 두각을 나타낸 많은 바둑기사는 인공지능이라면 실전에서 어떻게 바둑을 두었을지 인공지능 바둑 소프트웨어에 물어보면서 학습했다고 한다. 청소년들에게 바둑을 가르치는 방법도 마찬가지로 변화가 일어났다. 불과 몇 년 만에 알파고는 바둑에서 무엇을 배우고, 어떻게 가르칠지를 완전히 바꾸었다.

알파고와 이세돌의 대국은 '무엇을 어떻게 학습하느냐'가 인공지능이 주도하는 4차 산업혁명 시대에 혁명적으로 바뀔 것을 보여준 대표적인 사례다.

인공지능 교육이 필연적으로 시행될 수밖에 없다는 것은 장기적인 경제 발전을 연구한 학자들의 연구로부터도 예측할 수 있다. 이미 많은 학자가 기술 변화와 교육 발전의 밀접한 관계를 강조해왔다. 그중에서도 하버드대학교 경제학 교수인 로렌스 카츠(Lawrence Katz)와 클라우디아 골딘(Claudia Goldin)은 국가의 발전을 교육과 기술 간의 경주로 비유하여 주목받았다. 이들 연구에 따르면 교육이 기술과의 경주에서 뒤처질 때 경제 성장이 느려지고 경제 불균등이 확대되는 반면, 교육이 기술을 앞서갈 때 경제가 빠르게 성장하고 경제 불균등도 개선된다. 카츠와 골딘은 미국이 20세기 세계 경제를 이끌어 나갈 수 있었던 이유가 유럽의 어느 나라보다 고등학교까지의 초·중등 교육을 빠르게 대중화시켰기 때문이라는 점을 데이터로 입증했다.

이렇듯 교육이 기술 변화에 발맞춰 얼마나 시의적절하게 변화하는지가 경제 성과의 중요한 지표(성장과 불균형 등)에 장기적이고 근본적으로 영향을 미친다.

4차 산업혁명 시기에 인공지능 교육을 시행해야만 하는 이유가 여기에 있다. 새로운 시대의 요구에 따라 인공지능 교육을 빠르게 도입한 나라에서는 경제가 성장하고 형평성도 개선

되겠지만, 그렇지 못한 나라에서는 경제 성과가 나빠질 것이다. 이러한 상황에 거의 모든 나라에서 인공지능 교육을 앞다투어 도입하려고 할 것이다. 문제는 인공지능 교육을 어느 나라가 얼마나 빨리 도입하느냐. 인공지능 교육은 여부의 문제가 아니라 시기의 문제다.

앞에서 설명한 내용을 달리 표현하면 이제 우리는 인공지능의 뛰어난 기술적 기능을 활용하면서, 인간 개개인을 소중히 여기는 교육으로 옮겨가야 한다. 오늘의 교육이 미래를 살아갈 내일의 학생을 가르칠 준비가 되었는지 돌아보고, 작은 변화라도 실천적인 걸음을 내디뎌야 할 때다.

어제와 다른 세상에서 배워야 할 것

우리 사회를 발전시켜온 동력이 어디서 나왔는지 물으면 모두가 한목소리로 '교육'을 꼽는다. 교육의 힘이 한국인에게 세계에서 빨리 산업화와 민주화를 이뤄낼 수 있는 역량을 키워주었다. 그러면 인공지능과 빅데이터 등의 기술이 우리 일상에 깊숙이 들어와 있는 4차 산업혁명 시대에 교육의 방향은 어디로 나아가야 할까?

분명한 것은 4차 산업혁명 시기에는 이전의 2차, 3차 산업혁명 시기와 달리 교육의 양적 팽창은 더 이상 통하지 않는다. 우리의 교육은 그동안 고학력화가 매우 빠르게 이루어졌고, 너무 많은 학생이 대학에 진학한다는 우려가 나올 정도였다. 게다가 우리나라는 사교육에 엄청난 지출을 하고 있다. 반면에 교육에서 무엇을 어떻게 배우고 가르칠지를 근본적으로 바꾸는 '질적 변화'에 대해서는 오래전부터 요구가 커지고 있지만 크게 진전이 없었다.

2016년 다보스포럼에서 세계의 지도자들과 전문가들은 교육의 질적 변화를 더 이상 미룰 수 없다고 목소리를 높였다. 앞에서 언급했듯이 지금 초등학교에 입학한 학생들의 약 65퍼센트가 현존하지 않는 새로운 직업을 갖게 된다는 예측이 가장 충격적이다. 수많은 아이가 자신이 가져야 할 직업에 대해 전혀 준비되지 못한 채 성인이 된다는 점을 생각하면 정말 끔찍하다. 이것이 바로 우리가 교육을 근본적으로 바꾸어야 하는 이유다.

달라진 인공지능 시대가 오면 인공지능이 쉽게 수행할 수 있는 직종과 업무들은 빠르게 인공지능에 의해 대체될 것이다.

없어질 일자리를 위해 열심히 공부하는 것만큼 어리석은 일은 없다. 우리는 직업이 변화함에 따라 그에 맞춰 필요한 능력도 변화한다는 것에 주목해야 한다. 4차 산업혁명이 초래하는 일자리 위협을 극복하고, 인공지능과 공존하며 살아남을 수 있는 전략이 절실하게 필요한 때다.

한국 산업의 미래에 대한 제언을 수록한 서울대학교 공과대학 교수들의 저서 《축적의 시간》에서도 이 같은 고민을 엿볼 수 있다. 이 책의 저자들은 우리나라의 반도체 산업부터 정보통신, 화학, 자동차, 건설 등 모든 분야의 산업에서 당면한 근본적이고도 공통적인 문제를 제기한다.

결론을 요약하면 우리나라는 어느 산업에서든 다른 사람이 개발하고 디자인한 청사진에 따라 상품을 만드는 것은 잘하지만, 새로운 상품에서 더 나아가 새로운 산업이나 플랫폼을 디자인하는 역량이 부족하다. 상품을 제조하는 실행 역량은 탁월하지만, 새로운 것을 창의적으로 만드는 개념 설계 역량이 부족하다는 의미다. 이런 문제는 학생들에게 오지선다형의 문제 풀기를 강요하고, 스스로 생각하는 힘을 길러주지 못한 입시 위주 교육과 직접적인 관련이 있다.

우리나라의 교육은 대학 입시에 모든 학습의 초점을 맞춘다. 그에 비해 4차 산업혁명 시대에는 변화에 유연하고 평생 스스로 학습할 수 있는 역량을 갖춘 인재가 요구된다. 이제 교사가 일방적으로 강의하고 학생은 강의를 듣는 방식의 수직적 학습은 바뀌어야만 한다. 학생이 학급 동료들과 협력해 스스로 문제를 정의하고 해결할 수 있도록 돕는 수평적 학습이 일상적으로 이뤄져야 한다.

그동안 교과 시험 성적에만 매달려 왔던 교육에서 벗어나, 이해하고 암기한 것을 바탕으로 지식을 적용하고 분석하고 창조하는 '인지 역량'을 키워야 한다. 무엇보다 사람들과의 협력과 같은 인간적인 연결을 중시하는 '사회 역량'을 갖춰야 인공지능 시대를 열어갈 수 있다.

학부모들도 조기 사교육은 자녀의 학습에 대한 흥미를 약화하고, 자녀가 학습을 즐기는 평생 학습자로 성장하지 못한다는 사실을 인식해야 한다. 만약 우리가 교육 혁명을 이뤄내지 못한다면 4차 산업혁명은 우리에게 새로운 일자리를 만들 기회를 주는 게 아니라 기계가 일자리를 대체하도록 만들 것이다. 교육이 바뀌지 않으면 국가적 측면에서도 타격을 입을 수 있다. 어

제와 다른 오늘을 살고, 또 달라질 내일에 생존할 수 있는 전략
이 필요하다.

코로나19가 미래 교육을 앞당기다

4차 산업혁명이 산업과 노동시장의 변화를 가져와 아무
리 강하게 교육 혁신을 요구하더라도, 기존 교육제도가 바뀌
는 것은 결코 쉽지 않다. 그런데 전혀 예상하지 못했던 '코로나
19(COVID-19)'의 전 지구적 확산이 전통적 교실 수업의 틀을
뿌리째 흔들고 있다. 코로나19가 100년 이상 잠자던 교육을
깨웠다고 해도 과언이 아니다. 전 세계 15억 명이 넘는 학생이
등교를 못 하고 온라인 수업을 하게 되었기 때문이다.

우리나라의 경우 대학교는 대부분 2020년 3월 셋째 주부터
원격 교육을 활용한 개강을 시작했다. 초등학교, 중학교, 고등
학교는 4월부터 순차적으로 온라인 개학을 하여 학생 540만
명과 교직원 50만 명이 원격으로 정규 수업을 소화하는 역대
급 교육 실험이 시행되었다.

이처럼 온라인 수업도 교실 수업만큼 중요해졌으며, 교실 수

업이 거의 유일한 정규 수업으로 인정받던 시대는 끝났다. 하지만 온라인 수업이 피할 수 없는 대안이 되면서 교육 격차 문제가 심해지고 있다.

앞에서 언급했듯이 코로나19 이전에도 이미 세계는 글로벌 교육 위기를 겪고 있었다. 한 명의 교사가 20~30명 또는 60명 이상의 학생을 수용하는 교실에서, 각각 다른 역량과 수요를 가진 학생들에게 똑같은 학습 내용을 획일적으로 전달하는 방식이다. 이러한 교실의 모습은 2차 산업혁명을 거치며 세계로 확산된 공장의 대량생산 체제와 매우 유사하다. 이 학교 모델이 지금껏 유지되면서 3차, 4차 산업혁명으로 나아가는 경제 변화의 대응을 어렵게 만들고 있다.

인공지능과 교육의 만남

교육 관련 국제기구들은 교실 수업의 본질적 문제를 글로벌 학습 위기로 판단하고 있다. 글로벌교육재정위원회의 〈2017년 학습세대 보고서〉는 지금 추세대로라면 다음 세대 인구의 절반에 달하는 약 8억 2,500만 명이 사회가 요구하는 최소한의 학력을 갖추지 못한 채 성인이 될 것이라고 밝혔다. 또한 변화하는 직업 세계에 관한 〈2019년 세계개발보고서〉는 모두가 위기의식을 가지고 교육에서 급변하는 기술을 적극적으로 활용하는 동시에, 이런 기술 발전이 사회에 끼치는 와해적 부작용을 최소화하자고 강조했다.

세계 곳곳에서 시대 변화에 부응하지 못하는 낡은 교육 모델을 혁신하려는 노력은 꾸준히 이루어져 왔다. 학생 개인의 수준과 요구에 맞춰 학습 기회를 제공하는 '개별화 교육'이 교육 혁신을 위해 가장 주목할 만한 대안으로 제시되고 있다.

그러나 개별화 교육은 인공지능이 등장하기 이전까지는 많은 재원을 투입할 수 있는 사립학교나, 엄청난 열정을 쏟는 교사 개인에 의해서 가능했다. 높은 비용을 기꺼이 지불할 수 있는 학부모들은 개인교사와 같은 사교육으로써 자녀의 개별화 교육에 대한 수요를 충족시켜왔다.

하지만 인공지능이 등장하면서 '하이터치 하이테크(High Touch High Tech)' 교육이 엘리트 교육기관이나 소수의 혁신 학교의 범위에서만 이루어졌던 개별화 교육을 모두에게 가능하도록 길을 열고 있다. 하이터치 하이테크 교육이란 인공지능 기반의 '맞춤학습 체제(adaptive learning system)'를 도입해 교수의 강의 부담을 줄이는 차세대 교수 학습 시스템이다(하이터치 하이테크에 대한 자세한 설명은 '교육 혁신 키워드' 항목 참조).

그런데 4차 산업혁명을 맞아 진일보한 인공지능이 사회의 많은 분야에서 대량맞춤을 가능하게 할 뿐만 아니라, 교육 분야에서도 모두에게 개별화 교육이 가능한 대량맞춤 체제로의 길을 열어주었다. 인공지능이 급격히 발전하면서 이제 사이버 공간에서도 개개인의 기호에 맞는 최적의 상품 및 서비스를 설계한 후 3D 프린터 등의 첨단 장비를 활용하여 누구에게나 저렴하게 제공하는 대량맞춤이 가능해졌다. 덕분에 교육 현장에서도 학생 개개인의 역량과 수요에 맞춘 개별화 교육 제공이 가능해질 전망이다.

코로나19가 촉발한 온라인 교육의 갑작스러운 급증은 대량맞춤의 인공지능 교육이 발전할 수 있는 기반을 마련해주었다. 코로나19가 인공지능 교육을 갑자기 우리 교육 현장에 불러들였다. 특히 기존 교실에서 온라인 학습에 대해 각종 규제와 관행으로 높게 쌓아 올린 벽을 순식간에 허물어버렸다. 2016년만 하더라도 약 20퍼센트에 불과했던 우리나라 학교의 와이파이 연결이 코로나19 이후로 모든 학교에 연결될 계획이다. 교사의 온라인 수업이 정규 수업시수(時數)로도 인정된다. 민간 학습 플랫폼 및 해외의 구글이나 마이크로소프트의 플랫폼까지도 교실에서 활용될 수 있게 되었다.

코로나19로 세계적으로도 온라인 학습에 대한 수요가 폭증하면서, 온라인 학습 비율이 현재 세계 교육의 2.3퍼센트에서 2026년에 11퍼센트로 급증하여 1조 달러(약 1,200조 원)에 이를 전망이다. 미국의 도소매업 분야에서 전자상거래 비중이 11퍼센트인데, 이 수치에 비추어볼 때 전체 교육에서 온라인 학습이 차지하는 비중도 그 정도가 될 것이다.

온라인 학습의 정점은 인공지능 교육이며, 그중에서도 맞춤 학습 체제가 가장 주목받는다. 이 교육 방식을 적용할 때 '지능형 개인 교습체제(ITS, Intelligent Tutoring System)'가 가장 많이 활용된다. 최근에는 알기 쉽게 'AI 개인교사(AI Tutor)'라고 부르기도 한다. 대표적인 AI 개인교사인 알렉스(ALEKS)는 미국 국립과학재단(NSF)의 지원 아래 1994년에 캘리포니아대학교 어바인캠퍼스의 연구 팀에 의해 개발된 개별 맞춤형 인공지능 지원 학습 시스템이다.

알렉스 ITS 외에도 인공지능을 활용한 교육 시스템 혁신은 다양하게 일어나고 있다. 대화 방식의 DBTS(Dialogue-Based Tutoring System), 학생이 스스로 지식을 구성하도록 환경을 제공해주는 ELE(Exploratory Learning Environments), AI 언어학습, 작문을 자동으로 채점하는 AWE(Automatic Writing Evaluation), 챗봇(chatbot), 가상현실(VR) 및 증강현실(AR) 등이다.

머지않아 모든 학생이 자신의 개별 학습 데이터를 축적하여 최적의 학습 경로를 적시에 제공하는 'AI 학습친구'를 가지게 될 것이다. 곧 모든 교사가 담당하는 학생 모두에게 최적의 개별화된 학습 경로를 설계할 수 있도록 도와주는 'AI 조교'를 가지는 시대가 올 것이다.

시험으로 쉽게 측정할 수 있는 역량은 미래에는 인공지능에 의해 대체될 것이다. 인공지능 기반의 맞춤학습 체제는 낡은 교육 시스템을 끊임없이 변화시킨다. 그리하여 궁극적으로는 현재 정체된 고부담 시험 체제를 인공지능 기반의 맞춤평가 체제가 대체하게 된다. 수능과 같이 한 번의 시험이 인생을 좌우할 정도로 수험생에게 엄청난 부담을 주는 고부담 시험은 AI 개인교사가 도입되면 서서히 사라질 것이다. AI 개인교사가 하루에도 수십 번씩 빅데이터와 러닝 애널리틱스(Learning Analytics, 학습 분석 기술)를 통해 학생 개개인의 학습 상태를 진단해줄 것이기 때문이다. 또한 e-포트폴리오는 어떠한 고부담 시험보다 훨씬 더 정교하게 학생 개개인의 학습 이력과 지식체계의 성장 과정을 분석한 정보를 제공할 것이다. 학생은 e-포트폴리오를 활용하여 자기에게 가장 적합한 대학과 직장을 선택할 수 있다.

가장 '인간적'인 것이 첨단이 되는 시대

코로나19로 인한 온라인 교육의 폭발적인 증가가 학교 현장에서 인공지능 교육의 도입으로 이어지기 위해서는 다음과 같이 두 가지 측면에서 주목할 필요가 있다. 첫째는 인공지능 기반의 맞춤학습 체제 같은 새로운 학습 플랫폼이 교사들에게 얼마나 잘 받아들여지고, 어떻게 지속적으로 편리하게 활용되면서 교사의 부담을 줄일 수 있느냐. 둘째는 교사가 인공지능 기반의 새로운 기술을 수업에 활용하면서 줄어든 수업에 대한 부담만큼, 학생과의 '인간적 연결'을 늘리고 프로젝트 학습 등의 새로운 학습 방식을 도입할 수 있느냐는 점이다.

코로나19 이후, 최근 한국 교사들이 원격수업에 활용한 학습 플랫폼에 대한 만족도 조사에 따르면, 공공기관인 한국교육학술정보원(이하 KERIS)이 제공하는 'e학습터'와 EBS의 '온라인 클래스'에 대해 "만족한다"는 응답이 50퍼센트로 나타났다. 더욱 놀라운 것은 구글 클래스룸의 만족도가 80퍼센트를 넘었다는 것이다.

우리나라 교사들이 거의 활용해보지 않았던 학습 플랫폼을 코로나19로 갑자기 사용하게 되었음에도 불구하고 절반이 넘는 교사가 만족했다는 점은 매우 고무적이다. 그러나 공공기관에서 제공한 학습 플랫폼이 구글이 제공한 플랫폼에 비해 만족도가 현격히 떨어진다는 것에 주목할 필요가 있다. 우리나라 에듀테크의 기술 수준을 세계 시장에서 70퍼센트에 가까운 점유율을 차지하고 있는 구글 클래스룸의 수준까지 끌어올리는 것이 향후 주요한 과제다.

한국 교사들은 코로나19 이후에도 원격수업을 평소 수업에 활용할 생각이 있느냐는 질문에 44퍼센트가 "그렇다"고 대답했다. 온라인 학습을 시도해보지 않은 교사는 온라인 수업에 대해 막연히 부정적인 생각을 가질 수 있다. 하지만 이 설문조사는 실제로 경험해보면 온라인 수업에 대해 긍정적으로 태도가 바뀔 수 있다는 가능성을 제시한다. 코로나19 이후 교육 현장에 인공지능 교육을 수용할 수 있는 분위기가 조성될 만한 바람직한 진전이다.

최근 코로나19로 등교를 못 하면서 교사, 학부모, 학생 사이에서 학교가 어떤 곳인지 더욱 명확하게 보인다고 한다. 학교는 단순히 지식을 전달하거나 시험을 치는 것보다, 학생들 간의 교류, 교사와 학생 간의 멘토링, 교사와 학부모 간의 교감 등 인간적인 연결이 이루어진다는 것을 비로소 인식할 수 있었다.

이는 교사로부터 학생을 향한 수직적인 지식 전달과 암기와 같은 교육은 오히려 인공지능 기반의 학습 플랫폼에서 '하이테크'로 더욱 손쉽게 이루어질 수 있다는 뜻이다. 반면에 교사는 인간적인 연결의 '하이터치'를 더욱 강조해야 한다는 인식이 확산되었다. 코로나19 이후 변화된 교사, 학생, 학부모의 학교에 대한 인식은 우리나라에서 인공지능 교육이 하이테크와 하이터치의 조화로 발전을 이루어나가려는 과정에 의미 있는 계기를 마련했다.

1990년대 후반에 시작된 교단 선진화 사업을 시작으로 본격적인 교육 정보화가 시행된 지 20년이 지났다. 하지만 지금처

럼 모든 교사와 학생이 참여하는 비대면 수업은 처음 있는 일
이다. 물론 이전에도 일부 학교나 대학교 등에서 온라인 수업이
이루어지고는 있었지만, 우리나라 전체 학교와 학생을 대상으로
일괄적인 온라인 수업이 실시된 것은 교육 역사상 처음이다.

　온라인 수업은 갑작스러운 코로나19 사태로 인한 교육 공백
을 최소화하기 위해 시행되었다. 그러나 앞으로 또 다른 전염병
이 엄습할 수 있으므로 학교는 언제든지 원격수업을 도입할 준
비가 되어 있어야 한다. 사실 현재 운영되고 있는 우리나라 원
격수업 시스템은 강의를 수강하거나 출결을 체크하는 정도의
기본적인 기능만 제공하고 있어서 온라인 교육의 장점을 거의
살리지 못하고 있다. 그러나 여기에 인공지능이 연계된다면 학
생 개개인의 수준과 적성에 맞는 보다 질 높은 교육 서비스를
제공할 수 있다. 인공지능과 연계된 원격수업은 인터넷으로 연
결된 모든 학생의 행동을 기록하고, 분석하고, 처방할 수 있다.
교육적으로 효과가 있는 인공지능을 구축하는 데 반드시 필요
한 교육용 데이터를 원격수업 시스템을 통해 매 순간 차곡차곡
쌓을 수 있다.

　코로나19로 우리 교육은 큰 위기를 맞았다. 그러나 위기는

곧 기회가 되었다. 코로나19로 시작된 원격수업은 재난 상황에서도 교육을 지속하는 기회를 제공했다. 그러나 원격수업이 접근 기회를 제공하는 것을 넘어 교육적인 효과로 이어지기 위해서는 더 많은 노력이 필요하다. 이번 사태를 원격수업의 질을 높이는 기회로 삼아야 한다. 이를 위해서는 교사가 학생들을 상대로 온전히 교육에 전념할 수 있도록 인공지능을 활용한 교육 환경과 정책을 마련해주어야 한다.

뉴노멀, 새로움은 불편함과 함께 온다

코로나19 사태는 우리 일상에 큰 변화를 초래했다. 각 영역에서 대면으로 이루어지던 만남의 방식이 다양한 비대면(untact)의 소통 방식으로 변화했다. 비대면이 새로운 표준, 즉 '뉴노멀(New Normal)'이 된 것이다. 새로운 경험으로 인한 불편함이 시간이 지나면서 또 다른 편리함으로 자리 잡아가고 있다. 그러나 전국에서 원격으로 진행된 학교 교육은 여러 가지 보완해야 할 문제들을 드러냈다.

첫째는 교육 환경의 문제다. 교사의 측면에서는 온라인 교육을 제대로 수행할 수 있는 시설과 장비가 부족하다는 문제가 제기됐다. 학생의 학습 인프라 측면에서는 인터넷 환경과 온라인 교육을 위한 모바일 기기에서 교육 격차가 발생하고 있다.

둘째는 온라인 수업이 교육 격차를 심화시킨다. 온라인 수업 과정에서 부모의 도움 여부에 따라 학습 결과의 차이가 크다는 지적이 나오고 있다.

셋째는 온라인 교육 콘텐츠가 부족하다. 교사들이 수업에서 활용하는 교육 프로그램과 자료의 문제도 지적되고 있다. 교사에 따라 학생들에게 제공되는 교육 자료의 질적인 차이가 드러난다.

넷째는 교사의 수업 역량 차이가 크다. 온라인으로 수업이 진행되면서 교사에 따른 수업 역량의 차이가 자연스럽게 공개되었다. 온라인 수업 과정에서 교사가 '디지털 리터러시'를 갖추었는지의 여부가 수업의 역량으로 나타났다.

다섯째는 교사와 학생, 학생과 학생 사이에 소통과 협력이 이루어지지 않는다. 이는 원격 교육과 관련하여 가장 많이 제기되고 있는 문제. 코로나19가 종식되지 않은 상황에서 고민 끝에 교육부가 등교를 추진하게 된 이유도 마찬가지다. 소통과 협력을 배울 수 있는 자리가 턱없이 부족하다 보니 학생들에게 사회성 결핍과 같은 문제가 발생할 수 있다.

온라인 수업에서 제기된 문제들을 주의 깊게 살펴보면, 온라인 수업의 문제인지 아니면 학교 교육의 근본적인 문제인지 의문이 든다. 사실 교육의 결과적 격차나 학부모의 교육적 영향력, 교사의 수업 역량 차이, 소통과 협력의 부재 등은 기존 학교 교육의 문제로 제기되어 왔던 사항이다. 지금까지는 이런 문제가 학교 교육이라는 블랙박스 속에서 직접 확인하기 어려웠지만 코로나19로 인한 온라인 수업 과정에서 교육 상황이 실시간으로 공개되면서 많은 사람이 직접 확인하게 되었다.

코로나19로 인해 온라인 수업이 진행되고 점차 안정화되면서 '학교는 왜 존재하는가', '왜 학교에 다녀야 하는가' 하는 근본적인 질문도 제기되고 있다. 학교에 다니지 않아도 비대면 교육으로 학습은 이루어질 수 있다는 생각이 나왔기 때문이다. 코로나 사태는 학교의 존재 이유나 당연하게 받아들였던 기존 공교육 제도를 의심하고 비판하는 계기를 마련해주었다.

현재 '교육 분야의 인공지능(AIED, Artificial Intelligence in Education)'은 매우 흥미로운 발전을 나타내고 있다. 기술의 빠른 변화를 반영하여 인공지능 활용 교육 시스템도 더욱 다양하게 등장할 것으로 보인다. 정부 차원에서도 코로나19 상황을 겪으며 미래 교육을 구현하기 위한 보다 구체적인 정책을 추진할 것으로 전망된다. 민간 중심으로 이루어지던 기술의 발전이 정부의 적극적인 정책 지원을 받으면 앞으로 인공지능 기술을 활용한 교육은 더욱 가속화될 것이다.

'인공지능 로봇이 교사를 대체할까?', '자동화된 학교 또는 학습 네트워크는 바람직할까?' 같은 질문이 공상과학영화에서나 나올 법한 게 아니라 현실의 문제로 다가온 상황이다. 하지만 다른 영역에서와 마찬가지로, 특히 교육이기에 기술을 적용할 때 더욱더 주의를 기울여야 한다. 교육 분야의 인공지능 활용이 학생, 교사, 그리고 사회에 미칠 잠재적인 영향력에 대해서는 아직 충분히 논의되지 않았기 때문이다.

교육 분야의 인공지능은 교육 내용과 방법, 학생의 학습 진단과 진로 예측에 큰 영향을 끼칠 것이다. 하지만 인공지능을 활용하는 과정에서 교사의 역할과 책임 문제, 학생 정보와 관련된 프라이버시 문제, 무엇보다 학생에게 무엇을 가르쳐야 하는지에 대한 많은 이슈가 있다. 인공지능을 활용하면서 제기되는 윤리적 문제 역시 논의가 필요하다. 아직 전 세계적으로 인공지능 활용과 관련된 윤리적 문제를 해결하기 위한 연구가 거의 이루어지지 않았다. 다양한 인공지능 프로그램이 교실 현장에서 적절히 활용되기 위해서는 국가 수준에서 윤리적 이슈에 대한 구체적인 검토와 교육적 가이드라인이 마련되어야 한다.

미래 학교의 방향을 디자인하다

'인공지능(AI)'이라는 용어는 이제 누구나 아는 친숙한 말이다. 실제로 AI 스피커에게 듣고 싶은 음악을 틀어달라고 하고, 스마트폰의 AI 비서에게 일기예보나 오늘의 주요 뉴스를 묻는 일이 익숙해지고 있다. 인공지능 기술이 산업뿐만 아니라 우리 생활과 밀접한 의료와 금융, 교육 분야 등에 이르기까지 지대한 영향을 미치고 있다.

4차산업혁명위원회는 "인공지능은 인지, 학습 등 인간의 지적 능력의 일부 또는 전체를 '컴퓨터로 구현한 지능'으로서 4차 산업혁명을 촉발하는 핵심 동력이 되어 산업 구조뿐만 아니라 사회와 제도를 변화시킬 것이다"라고 전망했다.

실례로 아마존은 물류창고에 자동화 로봇 키바(Kiva)를 도입했고, IBM이 개발한 의료용 AI 왓슨(Watson)은 국내외 일부 병원에서 사용되고 있다. 구글은 미용실이나 식당에 전화를 걸어 사람 대신 예약해주는 AI 비서 듀플렉스(Duplex)를 선보였다. 그뿐만 아니라 기사를 작성하는 인공지능 기자, 인공지능 로봇 요리사, 인공지능 로봇 안내원, 인공지능 화가 등 다양한 분야에 인공지능이 도입되고 있다.

이렇게 인공지능이 우리 생활에 가까이 와 있음에도, 우리나라 학교에서는 인공지능 교육이 아직도 이루어지지 않고 있다. 일부 교육자들은 인공지능 교육이 어린 학생들에게 너무 어렵고, 필요 없다는 인식을 갖고 있다. 이는 인공지능을 특정 분야에서만 사용하는 전문 기술로 인식하기 때문이다. 하지만 현재 인공지능은 다양한 학문 분야에서 이미 기초 도구로 활용되고 있다.

주요 국가들은 인공지능 기술과 경험을 갖춘 인재를 양성하기 위해 국가 차원에서 인공지능 전략을 추진하고 있다. 특히 초등학교, 중학교 과정에 인공지능 교육을 포함하는 사례가 점차 늘고 있다. 이는 어릴 때부터 인공지능을 가깝게 경험함으로써 인공지능에 대한 이해를 높이고, 다양한 분야에서 인공지능을 적극적으로 활용하기 위함이다.

우리나라 정부는 2018년에 '인공지능(AI) R&D 전략'을 발표했고, 2019년 12월에는 'AI 국가 전략'을 발표했다. 교육과 관련된 인공지능 주요 정책을 살펴보면, 우선 인공지능 학습용 데이터 구축과 인공지능 기초 연구에 지원을 확대할 계획이다. 초등학교 저학년은 자연스럽게 소프트웨어(SW)와 인공지능에 흥미를 갖도록 2022년까지 놀이와 체험 중심의 교육과정을 편성할 계획이다. 초등학교 고학년부터 중학교 학생들은 인공지능 교육을 필수로 이수하도록 할 계획이다.

이를 위해 초등학교 교사 자격 취득과 관련된 고시를 개정하고, 사범대학에는 교직과목 및 관련 전공과목에 인공지능 관련 내용을 포함시킬 계획이다. 아울러 현직 교원의 인공지능 전문성을 향상하기 위해 교육대학원에 'AI 융합교육' 전공 과정을 신설하여, 관련 초·중·고 교원을 연간 1,000명씩 5년간 양성할 계획이다.

인공지능 기술을 선도하고 있는 미국, 중국, 영국, 일본 등 주요 국가들 역시 초등학교, 중학교 교육뿐만 아니라 대학교육, 평생교육에 이르기까지 다양한 연령층을 대상으로 한 기본 소양 교육으로서 인공지능 교육을 추진하고 있다. 특히 프로그래밍 교육을 인공지능 교육의 기초 단계로 인식하고 초등학교, 중학교에서부터 점차 의무화하고 있다. 또 인공지능 교육을 확산시키는 데 필요한 유·무선 인터넷망 개선과 개인별 단말기 보급, 전문가 영입 등 물적·인적 자원을 확보하기 위해 장기적인 전략을 수립하고 있다.

국가 간의 치열한 인공지능 교육 경쟁 속에서 우리는 무엇을 준비해야 할까? 교육과정에 인공지능 교육을 도입하기 위해 무엇이 필요할까?

첫째, 인공지능 교육을 기본적인 소양 교육으로 추진해야 한다. 미래 사회에서 인공지능 기술은 사회뿐만 아니라 우리 삶 자체를 크게 변화시킬 것이다. 이제는 무엇보다 변화에 적응해 나가는 능력이 필요하다. 고도화된 기술은 긍정적인 영향뿐 아니라 부정적인 영향이나 새로운 윤리 문제가 뒤따르기 마련이다. 이런 문제를 적극적으로 해결하여 불안감을 해소하기 위해서라도 인공지능 교육이 초등 교육 단계에서부터 추진되어야 한다.

인공지능이 항상 옳거나 정확하다고 인식하기보다는 인공지능이 주는 정보를 비판적으로 바라보는 시각을 길러야 한다. 인공지능은 데이터를 기반으로 만들어진다. 데이터 자체에 오류가 있거나 편향된 부분이 있다면 인공지능이 생산한 정보 역시 정확하지 못할 수 있다. 인공지능의 문제점과 인공지능이 우리 생활에 미치는 영향을 체계적으로 알리기 위해서는, 인공지능 교육이 모든 국민이 배워야 할 소양 교육으로 정해질 필요가 있다.

둘째, 인공지능 교육을 실현하기 위한 교육과정이 필요하다. 한국과학창의재단은 한국정보과학교육연합회에 의뢰하여, 지난 2019년 12월에 '차세대 SW 교육 표준모델'을 발표했다. 이 모델은 'AI와 융합' 영역을 신설하고 세부 영역으로 데이터과학과 인공지능, 로보틱스를 포함하여, 기존의 정보과 교육과정과 다르다. 특히 인공지능 영역은 초등학교 3~4학년에게 인공지능 활용 사례를 제시하여 인공지능에 대한 관심을 불러일으키도록 했다. 그러나 이 모델이 실제 초등학교 정규 교육과정으로 구현되려면, 인공지능과 관련된 내용 요소와 그에 따른 성취 기준을 세부적으로 제시하고, 현장 연구를 거쳐 타당성을 확보해야 한다. 특히 어떤 교과에서 얼마큼 가르칠지에 대한 논의가 선행되어야 한다.

2015년 개정 교육과정에서 SW 교육을 강화한다고 했지만, 결과적으로 초등학교 교육과정에 배정된 시간은 전체 수업시수 대비 0.3퍼센트(5,892시간 중 17시간)에 불과하다. 그것도 실과에 배치되어 있어서 고학년 학생만 배울 수 있다. 결국 인공지능과 SW 교육을 비롯한 정보 교육을 체계적으로 가르치려면, 초등학교 교육과정에 '정보' 교과를 신설하여 중·고등학교 정보 교과와 연계하는 방안을 적극적으로 추진해야 한다.

셋째, 인공지능 기반 기술인 교육용 데이터를 개방해야 한다. 교육행정 정보시스템인 NEIS가 도입된 이후 방대한 교육용 데이터가 매년 쌓이고 있음에도 민감한 개인 정보를 포함하고 있어서 거의 활용되지 못하고 있다. 또한 2004년부터 사이버 교육이 초·중등 교육에서 본격적으로 도입되면서 매일 수많은 학생이 온라인에서 학습하고 방대한 데이터가 축적되고 있지만, 대부분의 데이터는 활용되지 못하고 있다.

인공지능은 언제 어디서든 학생의 요구에 맞는 정보와 콘텐츠를 제공하고, 데이터를 분석하여 다양한 피드백과 학습을 지원할 수 있다. 이런 과정을 거치면서 시행착오를 줄여 학생들의 학습 부담도 줄일 수 있다. 그뿐만 아니라 채점과 같은 평가 활동을 자동화함에 따라 교사의 업무 부담도 줄일 수 있다. 인공지능이 이런 활동을 지원하려면 분석에 필요한 데이터를 확보해야만 한다. 따라서 교육용 데이터 관련 법률을 제정해 체계적인 데이터 수집과 공유가 이루어질 수 있도록 해야 한다.

넷째, 인공지능을 활용할 수 있는 정보 인프라 환경을 구축해야 한다. 인공지능 시스템으로 개별화 교육을 실현하려면, 학생 개개인이 무선 인터넷 환경에서 단말기를 갖추고 있어야 한다. 따라서 학생들이 보유하고 있는 스마트폰이나 스마트 기기를 학교에서도 활용하도록 정책을 추진할 필요가 있다. 이때 단말기를 보유할 형편이 안 되는 학생들은 국가가 지원하거나 무상으로 대여해주는 정책이 병행되어야 한다.

지금 세계는 SW 교육을 넘어 인공지능 교육을 향하고 있다. 미래 사회에는 잘 만들어진 인공지능의 명령에 따라 움직이는 인간이 아니라, 인공지능에게 체계적으로 명령할 수 있는 인간이 필요하다. 그렇기에 지금부터라도 인공지능 교육이 시작되어야 하며, 그 시작에 있어 SW 교육과 정보통신기술(ICT) 교육이 병행되어야 한다. 인공지능 교육은 SW 교육의 한 분야이며,

SW 교육을 위한 기초 능력은 ICT 교육을 통해 기를 수 있다. 집을 튼튼하게 지으려면 기와를 쌓기 전에 주춧돌로 기반을 다지듯이, ICT 교육이나 SW 교육을 포함한 인공지능 교육이 추진되어야 한다.

미래 학교를 설계하려면 무엇보다 방향 설정이 중요하다. 잘못된 방향을 잡는다면 아무리 경쟁을 완화하는 정책을 세우고 절대평가를 도입한들, 미래를 대비할 수 있는 인재를 기를 수 없다. 교육 본래의 목적을 구현하려면 맞춤형 교육으로 누구도 학습에서 낙오되지 않고 모든 학생이 학습에 성공하는 것을 기본적인 방향으로 설정해야 한다. 사실상 기존 교육의 거대한 방향을 바꾸는 것이 중요하다. 그동안 많은 학자와 교사들이 맞춤형 교육을 실시하기 위해 애써왔지만 여러 장애 요인에 부딪혀 이루지 못했다. 학습자의 특성을 고려하지 않은 획일적 교육에 대한 비판으로 맞춤형 교육이 제시되었으나, '학습자 진단 - 맞춤형 처방 - 평가'의 과정을 아우르는 맞춤형 교육의 정의에 적합한 학교 제도가 설계되지 못했기 때문이다.

올바른 맞춤형 교육 시스템을 설계하려면 학교 교육의 전체적인 시스템을 이해하고 교육과정에 연계하여 활용할 수 있는 시스템적 사고가 필요하다. '교수 활동 - 학습 활동 - 평가 활동'의 과정에서 학생들의 학습이 효과적으로 이루어지도록 해야 한다.

인공지능 시대로 지칭되는 미래 사회는 인성과 사회성을 갖춘 창의적인 인재를 요구한다. 미래 인재를 키우려면 한 명의 학생도 놓치지 않고 모든 학생이 학습에서 성공할 기회를 제공해야 한다.

교육의 목적을 달성하기 위한 기본 과제는 학생의 적성에 맞추어 꼭 필요한 학습이 이루어지도록 맞춤형 진단과 처방이 이루어지는 제도를 설계하는 것이다. 학생이 학습에서 성공적인 경험을 이어갈 수 있는 교육 패러다임으로 바뀌어야 한다. 인공지능 로봇이 교사를 대체하는 것이 아닌, 교사가 인공지능을 적극적으로 활용하여 AI 개인교사 이상의 교육적 효과를 이끌어낼 수 있어야 한다. 미래 학교에서는 모든 학생이 학습에 성취하는 기쁨을 느끼고, 자신이 원하는 방향으로 나아가도록 역량을 키워주는 것을 목표로 해야 한다.

02
인공지능과
함께하는 법을 배우다

인공지능과 다르고 인간이 더 잘하는 것

'인공지능 시대에는 무엇을 배워야 할까?'라는 질문은 미래 교육을 논할 때 가장 중요한 화두다. 인공지능 교육은 인공지능 기술을 잘 활용하도록 하는 것과 더 발전된 인공지능을 만들어 내는 전문 교육을 포함한다. 모든 학생이 인공지능 전문가가 될 필요는 없다. 소수의 인공지능 전문가를 키우는 것도 중요하지만, 다수의 학생들이 인공지능 시대를 행복하게 살도록 필요한 내용을 교육하는 것이 중요하다. 단순히 인공지능과의 경쟁에서 승리하는 법이 아니라 인공지능의 놀라운 가능성을 활용해 미래에 학생들이 인공지능과 공존하는 방법을 교육해야 한다.

그러기 위해서는 인간만이 가진 능력을 발휘할 수 있도록 교육의 방향이 바뀌어야 한다.

OECD가 말하는 미래 인재의 역량

20세기 후반부터 OECD(경제협력개발기구)를 중심으로 미래 핵심 역량에 대한 연구가 지속적으로 이루어지고 있다. OECD는 1997년부터 의무교육 단계인 만 15세 학생들이 사회에 진출하기 위해 필요한 지식과 기술을 갖추었는지 평가하고자 국제학업성취도평가(PISA)를 시행하고 있다.

2003년에 OECD는 '데세코(DeSeCo, Definition and Selection of Competencies) 프로젝트'를 발표하면서 미래 사회를 살아가기 위해 갖춰야 할 '핵심 역량'을 제시했다. 이 프로젝트는 PISA가 지향하는 장기적 관점에서 필요한 역량을 설정하기 위해 시작되었다. 데세코 프로젝트가 제시하는 핵심 역량은 삶의 다양한 영역에서 요구를 충족시키는 데 도움이 되어주는 능력이다. 개인의 성공적인 삶과 함께 살기 좋은 사회, 더 나은 사회를 실현하기 위해 사회에서 필요로 하는 역량도 포함하고 있다.

실제로 우리는 기후 위기나 환경 재난과 같이 지구적 위기가 곧 나의 위기인 위태로운 시대에 살고 있다. 이외에도 양극화, 혐오, 불평등 문제는 우리 사회만의 문제가 아니라 지구적 문제로, 그 부정적 영향이 실제 우리의 일상을 뒤흔들고 있다. 이런 문제를 해결하기 위해서는 시민의식을 갖추고 다른 사람과 협력하며, 개인들이 보유한 저마다의 다양성으로 공통된 문제를 다각도로 접근해서 해결하는 능력이 필요하다.

데세코에서 정의하는 미래 인재의 핵심 역량은 크게 개인, 대인관계, 기술적 범주로 나눌 수 있는데, 각 범주는 3가지 역량으로 구분된다. 먼저 개인 역량은 "넓은 맥락에서 행동하는 역량, 인생 계획과 과업을 구상하고 실행하는 역량, 자신의 권리·관심·한계·필요에 따라 주장할 수 있는 역량"으로 규정한다. 대인관계 역량은 "타인과의 관계를 설정하는 역량, 협동하는 역량, 갈등을 관리하는 역량"으로 정의한다. 마지막으로 기술적 역량은 "언어·상징·텍스트를 상호적으로 활용하는 역량, 지식과 정보를 상호적으로 활용하는 역량, 새로운 기술을 활용하는 역량"을 말한다.

우리나라는 국가 교육과정에서 미래 인재상과 핵심 역량을 제시하고 있다(미래 인재상을 "인간상"으로 표현하고 있다). 2015년 개정 교육과정에서 교육부는 인간상을 다음과 같이 4가지로 제시했다. 첫째는 전인적 성장을 바탕으로 자아 정체성을 확립하고, 자신의 진로와 삶을 개척하는 자주적인 사람이다. 둘째는 기초 능력의 바탕 위에 다양한 발상과 도전으로 새로운 것을 창출하는 창의적인 사람이다. 셋째는 문화적 소양과 다원적 가치에 대한 이해를 바탕으로 인류 문화를 향유하고 발전시키는 교양 있는 사람이다. 넷째는 공동체 의식을 가지고 세계와 소통하는 민주 시민으로서 배려와 나눔을 실천하는 더불어 사는 사람이다.

또한 교육과정에서 정의하는 6가지 핵심 역량은 '자기관리 역량, 지식정보 처리 역량, 창의적 사고 역량, 심미적 감성 역량, 의사소통 역량, 공동체 역량'이다.

아울러 인공지능 시대의 인재상도 다양하게 표현되고 있는데 가장 핵심적인 사회 변화를 반영하면 "인공지능을 포함한 디지털 사회에서 급격한 변화를 유연하게 그리고 문화적으로 향유할 수 있는 창의적 인재"로 요약해볼 수 있다.

인공지능 시대에 갖춰야 할 '6C' 핵심 역량

인공지능 시대, 인간이 주도적으로 인공지능을 활용하는 주체적인 삶을 살기 위해서는 기존 역량과 함께 특히 다음의 '6C' 역량을 키워야 한다. 6C는 '개념적 지식(Conceptual Knowledge), 창의성(Creativity), 비판적 사고(Critical Thinking), 컴퓨팅 사고(Computational Thinking), 융합 역량(Convergence), 인성(Character)'이다.

6C를 형상화하면 개념적 지식을 중심으로 5가지 역량이 밖을 둘러싼 모습으로 나타낼 수 있다. 6C 핵심 역량의 내용을 구체적으로 살펴보면 다음과 같다.

인공지능 시대의 '6C' 핵심 역량

6C의 중심을 차지하고 있는 '개념적 지식'은 사회 각 영역의 핵심적인 지식 내용을 이해하는 것을 의미한다. 단순히 정보를 습득하는 데 그치지 않고, 다른 영역과 상황에도 적절하게 이용할 수 있는 가치 있는 개념과 지식을 이해하는 것이다. 지금까지는 단순한 정보를 암기하여 빠른 시간 안에 포착해 떠올릴 수 있는 역량인 암기력이 강조되었다. 하지만 인공지능 시대에는 단순히 정보를 암기하여 회상하는 능력은 기계를 활용하면 충분히 가능하다. 인간에게는 핵심적인 개념을 이해하고 활용할 수 있는 역량이 훨씬 더 중요하다. 예를 들어 여러 나라의 수도를 외우는 것보다는 각국의 수도가 차지하는 역사적, 사회적 의미와 가치를 이해하는 것이 더 중요하다. 이러한 역사적, 사회적 의미를 이해하면 다른 범주와 상황에 적용하는 역량을 키울 수 있다.

'창의성'은 새로운 생각이나 개념을 찾아내거나, 기존 개념을 새롭게 조합하여 문제를 해결하는 역량을 의미한다. 개인 수준의 창의성은 새롭게 문제를 인식하고 해결 과정을 찾아가면서 점점 확대되어 사회적 수준의 의미를 만들어갈 수 있다. 인공지능을 주도적으로 활용하는 인간이 되기 위해서는 기계 이상의 창의성, 인간 고유의 창의성을 발휘할 수 있는 역량을 갖춰야 한다.

'비판적 사고'는 어떤 상황이나 내용을 판단할 때 편향된 분석 없이 사실적 증거를 바탕으로 평가하는 역량이다. 이는 정보를 얻을 수 있는 매체가 더욱 다양해지는 미래 사회에서 무엇보다 중요한 역량으로 논의되고 있다. 인공지능의 기본적인 학습 자료는 인간이 생성한 다양한 종류의 데이터다. 머신러닝(기계학습)은 인간이 생산한 데이터를 무비판적으로 학습할 수 있어서 데이터의 편향성, 윤리성에 대해서는 인간의 주도적인 판단이 필요하다. 이때 바로 비판적 사고가 필요하다.

'컴퓨팅 사고'는 문제가 발생한 상황에서 효과적인 해결을 위해 문제를 정의하고, 답을 기술하는 것을 포함한 사고 과정 일체다. 다양한 문제 상황에서 컴퓨터과학의 기본적인 개념이나 원리를 이용하여 문제 분석, 자료 표현, 추상화, 자동화, 일반화 등이 가능한 역량을 의미한다. 최근 데이터 리터러시, 디지털 리터러시, 미디어 리터러시 등과 연결 지어 표현되고 있다. 미래 사회에서는 개인의 데이터 활용이 삶에서 큰 의미를 차지할 것으로 예상된다. 컴퓨팅 사고는 미래 사회를 살아가기 위한 기본적인 역량이다.

'융합 역량'은 문제 해결을 위해 내용과 방법 측면에서 여러 학문과 실제 영역의 지식을 통합적으로 적용할 수 있는 역량이다. 내용적 측면에서는 학문과 학문 간 융합, 새로운 학문의 창출, 학문과 실제 생활의 융합이 이루어질 수 있다. 방법적 측면에서는 인공지능과 가상현실 등을 활용한 혁신적 융합을 이루는 것을 말한다. 미래 사회는 더욱 발전된 기술이 활용되는 세상이다. 이때 융합 역량은 인간이 기계를 능가할 수 있는 중요한 역량이 되어줄 것이다.

'인성'은 동양에서는 인간 본연의 성질을 의미하며, 서양에서는 좀 더 구체적으로 사회 정서 역량과 같은 비인지적 역량을 의미한다. 사회 정서 역량은 자기 인식, 자기 관리, 사회적 인식, 관계 기술, 책임 있는 의사결정으로 구성된다. 급변하는 미래 사회에서 전 지구적 위기와 문제를 해결하기 위해 중요시될 역량이다. 이런 의미에서 인간의 협력과 공동체 의식은 더욱 강조되며, 올바른 인성을 갖춘 인재를 보유한 조직은 문제 해결 측면에서 강점을 발휘할 것이다. 의사소통과 협업을 이루어낼 수 있는 바탕은 인성 교육으로부터 비롯된다. 인공지능 시대의 경쟁력이자 대안은 인성이다.

인간의 일 vs 인공지능의 일

1997년 IBM의 슈퍼컴퓨터 딥블루(Deep Blue)가 당시 체스 세계 챔피언인 개리 카스파로프(Garry Kasparov)에게 승리하면서 컴퓨터가 인간을 능가하는 영역에 체스가 추가되었다. 이 사건은 총체적인 인지적 사고를 활용하는 부문에서도 컴퓨터가 인간을 능가하는 수준에 이르렀음을 보여준다. 그로부터 20여 년이 흐른 2016년 인공지능 프로그램인 알파고가 프로 바둑기사인 이세돌 9단을 이겼다. 바둑은 체스보다 계산해야 할 경우의 수가 훨씬 많기에, 이 경기 결과는 우리나라뿐 아니라 전 세계에 큰 반향을 일으켰다. 게다가 전문가들이나 학자들이 가장 놀란 것 중 하나는 인간이 통상 경기 중에 사용하지 않는 창의적인 전략을 알파고가 사용했다는 점이다. 이는 인공지능이 단순한 계산을 넘어 딥러닝을 통해 창의적인 인지 역량을 갖출 수 있음을 의미했다. 앞으로는 더 많은 분야에서 인공지능이 인간의 역량을 추월할 것으로 예측된다.

그렇다면 인공지능이 더욱 발달할 미래를 생각해볼 때 인간이 해야 할 일과 인공지능이 더 잘할 수 있는 일을 구분해야 하지 않을까? 인공지능에 의해 자동화가 빠르게 진행된다면 인간은 어떤 역할을 해야 할까?

20세기 컴퓨터의 발달은 직업 세계에 많은 변화를 초래했다. 초기의 컴퓨터라고 할 수 있는 전자계산기의 발명은 수학자들의 직업을 대체하지 않고 오히려 그들의 역량을 향상시켰다. 워드프로세서 프로그램이 개발되었지만 작가를 대체하지 않았으며, 작가들이 글을 쓰고 편집하면서 더 많은 성과를 내게 되었다. 마찬가지로 인공지능의 발달로 혁신적인 변화가 예상되는데 다음 세대가 인공지능 기술을 효과적으로 학습한다면 인공지능 역시 도구로써 잘 활용될 것이다. 다만 윤리적 측면을 고려하여 인공지능이 잘하는 모든 영역을 인공지능에 맡기기보다 인간 고유의 영역을 설정하여 이를 인간이 담당하는 것이 바람직하다.

인간과 인공지능의 영역을 나누면 미래에 어떤 인재가 필요한지, 어떤 역량이 강조되어야 하는지에 대한 방향을 설정할 수 있다. 현재 관점에서 비춰볼 때 인공지능과 인간의 영역을 구분해본다면 다음과 같이 나눌 수 있다.

인공지능의 영역과 인간의 영역 구분

일의 주체	담당 역할
인공지능이 더 잘할 수 있는 영역	• 정확하게 계산하는 일 • 반복적으로 예측하는 일 • 엄청난 양의 데이터와 입력 정보를 분류하는 일 • 확정된 규칙에 따라 기계적인 의사결정을 하는 일
인간이 담당해야 할 영역	• 도덕적이고 추상적인 가치 판단에 관련된 일 • 인간의 감정을 기반으로 관계를 형성하는 일 • 복잡한 문제와 다양한 영역의 자료를 활용하여 문제를 해결하는 일 • 기계가 해야 할 작업이나 기계에 제공할 데이터를 결정하는 종합적 판단과 관련된 일

인간이 담당해야 할 영역을 정리하면 도덕적 가치 판단의 문제, 인간의 감정과 관련된 문제, 여러 영역의 내용이 종합적으로 고려되는 메타인지를 필요로 하는 문제, 기계를 어떻게 활용할 것인지에 대한 판단, 시스템적 사고를 활용한 종합적 기획 등이다.

카네기멜론대학교의 한스 모라벡(Hans Moravec) 교수는 인공지능이나 로봇이 수학적 계산이나 논리 분석 같이 고차원의 추론을 하기 위해서는 계산이 거의 필요하지 않지만 보기, 걷기, 듣기 등의 낮은 수준의 기술을 위해서는 방대한 양의 리소스가 필요하다는 사실을 밝혀냈다. 인간에게 어려운 일이 컴퓨터에게는 쉽고, 컴퓨터에게 어려운 일이 인간에게는 쉽다는 뜻이다. 이를 '모라벡의 역설(Moravec's Paradox)'이라고 한다. 인간이 더 잘할 수 있는 일과 기계가 더 잘할 수 있는 일을 나눌 수 있다는 것이다. 우리는 기계를 잘 다루고 활용하는 능력이 미래의 중요한 역량임을 알 수 있다.

기존에는 한 분야에 깊이 있는 지식을 갖춘 'I자형' 인재를 선호했다. 하지만 IBM에서는 미래의 인재상으로 지식의 폭이 넓고 깊은 'T자형' 인재를 제시했다. T자형에서 가로선은 넓은 영역의 지식 기반을 갖춘 제너럴리스트(Generalist)를 의미하고 세로선은 하나의 특정 영역에서 전문성을 깊이 있게 갖춘 스페셜리스트(Specialist)를 의미한다.

여기서 더 나아가, 미래에는 여러 분야에서 깊이 있는 전문성을 갖추어야 한다는 의미에서 'M자형' 인재가 필요하다는 의견이 주목받고 있다. 인공지능 기술의 기하급수적인 발달과 함께 직업 세계에 끼치게 될 파괴적 혁신은 사회에 불안감을 초래하기 마련이다. 고령화 사회를 넘어 초고령화 사회로 향하고 있는 오늘날에는 빠른 직업 세계의 변화에 대응하여 사람이 평생 여러 가지 직업에 종사해야 한다는 예상이 지배적이다. 따라서 전문성을 갖춘 분야를 넓혀갈 수 있는 메타인지 역량을 가진 확장형 인재, 즉 M자형 인재가 선호될 것이다.

M자형 인재를 키우기 위해 교육과정에서 채택해야 할 대응 전략은 무엇일까? 개별 과목의 모든 전문적인 내용을 학생들에게 주입하지 말고 핵심 원리와 개념적 지식을 이해할 수 있도록 교육해야 한다. 핵심 개념을 이해한다는 것은 기본 원리에 대한 탄탄하고 유연한 이해를 목표로 한다는 뜻이다. 학생들이 각 분야의 중요한 원리를 내면화함으로써 복잡한 문제를 해결해나갈 수 있는 역량을 키워야 한다.

교육과정에 포함되는 내용은 실제 세계의 다양한 측면을 이해하는 데 도움이 되어야 한다. 배운 내용이 다른 학문 영역이나 실제 문제 해결을 위해 활용될 수 있어야 한다. 미래의 교육과정은 기존 교육과정에서 무수히 많은 정보의 가치를 판단하여 불필요한 부분을 제거할 필요가 있다. 동시에 내용을 현대화하고, 체계적으로 계열성을 유지하고, 학생의 역량이 높아질 수 있도록 구성해야 한다. 개인이 문제를 해결할 수 있는 잠재력을 극대화하는 것이다. 이는 학생들이 즐겁게 학교에 다닐 수 있도록 하기 위한 것만이 아니라, 학습 결과를 더 유용하게 활용할 수 있도록 하기 위함이다.

인공지능을 이해하기 위한 첫걸음: 인공지능 이해 교육

인공지능에 대한 이해는 단순히 인공지능의 문제를 해결하는 과정이나 원리를 이해하는 것으로 끝나지 않는다. 그 과정과 원리를 활용하여 우리가 생활 속 문제를 스스로 해결해야 한다. 또한 인공지능이 우리 생활에 미치는 영향을 이해하고, 그에 대비하는 능력을 기르는 것을 말한다. 구체적으로 인공지능을 이해하려면 무엇을 알아야 할까? 또 어떻게 접근해야 하고, 무엇을 준비해야 할까? 우리는 이런 질문에 스스로 답하고, 또 새로운 질문을 찾아야 한다.

인공지능 교육은 호기심에서 시작된다
인공지능은 센서를 이용하여 보고 듣고 이해할 수 있으며, 머신러닝이나 딥러닝 기술을 이용하여 추론하고, 최적화하고,

스스로 결정하고 배울 수 있다. 어린 학생들에게 인공지능은 매우 신기하고 매력적이다. 내가 일을 시키지 않아도 스스로 알아서 해주는 인공지능은 그 자체만으로 호기심을 유발하기에 충분하다. 예를 들어 아이폰의 음성인식 비서인 시리(Siri), 아마존의 알렉사(Alexa), 네이버의 클로바(Clova) 같은 AI 스피커와 유튜브나 넷플릭스의 알고리즘 등 인공지능이 포함된 제품이나 서비스가 어떻게 내가 좋아하는 것을 알고 추천해주는지 누구든 궁금해한다.

인공지능 교육은 이런 궁금증에서부터 시작되어야 한다. 작은 궁금증이 점차 학생들의 호기심을 불러일으키고, 이 호기심은 사고력 향상으로 이어진다. 나아가 인공지능에 대한 호기심은 알고리즘이나 신경망, 머신러닝, 딥러닝 등 다양한 분야로 확대될 수 있다. 일부 학생들은 인공지능을 직접 체험하고 자신이 만들어보고 싶은 욕구가 생길 것이다. 이처럼 인공지능에 대한 궁금증으로 시작된 교육은 인공지능에 대한 이해를 통해 스스로 만들려는 창의적 사고력으로 연결될 수 있다.

미국의 컴퓨터과학교사협회(CSTA)와 인공지능발전협회(AAAI)는 어린 학생들에게 보통교육으로서 인공지능을 이해시키고자 교육과정을 인식, 표현과 추론, 학습, 인간과의 자연스러운 상호작용, 사회적 영향의 5가지 영역으로 구분했다.

'인식' 영역에서는 인공지능이 세상을 인식하는 방법을 교육한다. '표현과 추론' 영역에서는 인공지능이 추론을 사용하여 세상을 표현하고 모델을 만드는 방법을 교육한다. '학습' 영역에서는 인공지능이 자료(데이터)를 사용하여 학습하는 방법을 교육한다. '인간과의 자연스러운 상호작용'에서는 인공지능 기술과 인간과의 관계를 이해하고, 인공지능과 자연스러운 상호작용을 추구하기 위한 방향을 교육한다. '사회적 영향' 영역에서는 인공지능이 우리 사회에 미치는 긍정적, 부정적인 영향을 이해하고 대비하는 역량을 교육한다.

MIT 미디어랩은 어린 학생들에게 인공지능을 이해시키기 위한 활동으로 인공지능에 대한 기본적인 개념과 사례를 소개하고 알고리즘의 3단계, 즉 '입력 - 처리 - 출력'의 과정을 이해하도록 교육한다. 또한 지도학습을 통해 데이터를 분류화하는 방법과 인공지능이 '데이터 - 학습 - 예측' 등으로 구성된다는 것을 이해하도록 교육하고 있다. 아울러 인공지능 알고리즘의 정확성은 학습 데이터에 따라 달라질 수 있음을 이해하도록 지도한다.

　인공지능을 이해하기 위한 교육은 우리 일상생활에서 늘 사용하고 있는 인공지능이 어떻게 작동되며 어떤 결과를 초래하는지를 깊게 생각해보는 사고력 교육이 선행되어야 한다. 물론 인공지능을 충분히 이해하려면 알고리즘이나 프로그래밍과 같은 컴퓨터과학뿐만 아니라 선형대수나 통계에 대한 원리 교육이 필요하다. 그렇지만 처음부터 전문적이고 기술적인 방식으로 지도하는 것은 바람직하지 않다. 학생들의 호기심이 다른 교과로 자연스럽게 연결되도록 해야 한다. 그것이 다시 인공지능으로 연결될 수 있게끔 선순환적인 호기심을 유발하는 방식으로 나아가야 한다.

인공지능의 주인이 되기 위해 알아야 할 것들

　인류가 만들게 될 인공지능은 인간과 친화적이고 자연스럽게 소통할 수 있는 신뢰할 만한 인공지능일 것이다. 아무리 인공지능이 믿을 수 있고 뛰어나더라도 그것을 통제할 수 있는 능력은 인류가 갖춰야 할 기본 소양이다. 인공지능을 통제하기 위해서는 어떤 요소를 갖추어야 할까?

　먼저, '인공지능을 통제한다'는 의미를 정확하게 이해해야 한다. 인공지능을 통제한다는 것은 나의 기본 권리를 향상시킬 수 있도록 내가 인공지능을 제어할 수 있음을 의미한다. 인간 자신이 인공지능을 적절하게 조정하고 명령하고 감독함으로써 인공지능이 범할 수 있는 기본권 침해나 위험성에서 벗어날 수 있다. 인공지능의 발전으로 인권이 침해되는 것은 반드시 경계해야 한다.

또한 인간이 직접 인공지능을 감독할 수 있는 능력을 길러야 한다. 이 능력을 바탕으로 인간이 개입하여 인공지능의 부정적인 영향을 최소화해야 한다. 자신이 인공지능을 통제하는 능력이 부족하여 다른 사람에게 맡기는 것은, 곧 나의 자유를 다른 사람에게 양보하는 것과 마찬가지다. 특정 상황에서는 인공지능을 중지시키고, 내게 미치는 영향을 줄이도록 만드는 능력을 길러야 한다.

마지막으로, 나와 관련된 의사결정은 직접 내려야 한다. 인공지능이 제공하는 정보는 참고하되 인간 스스로 자율적인 결정을 내릴 수 있어야 한다. 이를 위해 인공지능을 개발한 공급자는 사용자가 인공지능을 충분히 활용하도록 관련 지식과 도구를 제공해야 한다. 그러나 인공지능을 활용하여 적절한 의사결정을 할 수 있으려면 인공지능이 어떤 과정을 거쳐 정보를 취합하고 결과를 도출하는지에 대한 폭넓은 이해가 요구된다. 아울러 그 과정에서 문제점이 발견되었을 때는 인공지능이 제공하는 정보를 거부할 수 있어야 하며, 이미 내린 결정일지라도 언제든지 번복할 수 있어야 한다.

인공지능은 우리 삶을 어떻게 바꿀까

수십 년 동안 인공지능은 공상과학소설의 단골 소재였다. 미래학자나 영화 제작자들은 인공지능이 우리 사회를 깜짝 놀랄 정도로 편리한 유토피아로 만들거나 이와 반대로 인간을 지배하는 치명적인 디스토피아로 만들 수 있다고 예측했다. 인공지능은 이미 우리 삶 속에 파고들어 크고 작은 변화를 일으키고 있다. 인공지능이 어디에 사용되었는지도 모를 정도로 자연스럽게 삶에 스며들고 있다.

예를 들어 스마트폰으로 사진을 찍고 편집할 때도 인공지능이 사용된다. 이때 인공지능 기술은 사진을 찍는 데 적절한 빛의 양과 색상, 필터 등을 맞춰준다. 음악을 듣거나 영화를 감상할 때도 인공지능이 사용자가 원하는 것을 찾아준다. 넷플릭스에서 영상을 볼 때 인공지능 프로그램은 사용자가 그동안 본 것을 학습하여 사용자의 취향을 알아내고 좋아할 만한 영상을 재생 목록에 추가한다. 실내에 있을 때 인공지능은 쾌적한 공간을 유지하기 위해 온도와 습도를 스스로 조절하고 전자기기나 조명을 켜거나 끌 수도 있다. 인공지능 챗봇은 언제든지 사용자의 질문을 받아주고 응답한다. 특히 여행이나 상품을 안내할 때는 인공지능이 사용자의 매매 활동을 분석하여 관련 상품을 제안하고 사기를 예방하며 빠른 거래가 이루어지도록 돕는다.

지금도 다양한 분야에서 인공지능이 사용되고 있지만 많은 사람이 인공지능이 어디에 사용되고 있는지 거의 알지 못한다. 앞으로 다가올 사회는 더욱더 많은 인공지능 제품이 우리 주변에 스며들면서 개인의 삶과 사회 전반에 큰 영향을 끼칠 것으로 예측된다. 따라서 우리 삶을 주체적으로 살아가려면 인공지능이 우리를 둘러싼 환경에 어떤 영향을 미치는지 이해할 수 있어야 한다. 이것이 바로 인공지능 교육이 필요한 이유다.

특히 인공지능은 우리의 직업에 큰 영향을 끼칠 것이다. 인공지능과 자동화 기술이 수년 안에 모든 직업을 대체하지는 않겠지만 머지않은 미래에 많은 직업이 사라지고 새로운 직업이 등장할 것이다. 지금도 그런 변화는 끊임없이 일어나고 있다.

인공지능은 전 세계에 걸쳐 많은 일자리를 자동화하여 수백만 명의 실업자를 만들었다. 인공지능은 재난 현장이나 건설 현장 등 사람이 일하기에 매우 위험하거나 어렵거나 더러운 일 등에 우선적으로 활용되고 있다. 그러나 앞으로는 인공지능이 사람들이 하고 싶어 하는 일도 대체할 것이다. 인공지능은 인간이 책상에 앉아서 처리하는 일들을 대체하고, 의사의 의료기술을 능가하고, 투자 전문가나 광고 전문가들과 경쟁할 것이다. 특히 인간의 고유한 영역으로 여겨지는 글쓰기, 그림 그리기, 작곡하기 등 창작 영역까지도 대체할 것이다. 실제로 이런 창작 분야에서 인공지능이 실험적으로 일을 수행해내고 있다.

2019년 마이크로소프트가 아시아의 주요 국가를 대상으로 조사한 결과에 따르면 국가별 소득 수준에 따라 차이가 있겠지만 인공지능과 자동화 기술로 인해 일자리가 저소득 국가는 10퍼센트, 고소득 국가는 59퍼센트 대체될 것으로 분석되었다. 우리나라는 26퍼센트가 대체될 것으로 추정된다.

그러나 인공지능과 자동화 기술이 기존 일자리를 잠식하는 것만은 아니다. 역사적인 사례를 살펴볼 때 과거의 기술들은 특정 분야에서 일자리 감소가 있기는 했지만 전체적으로는 새로운 일자리 창출과 함께 근로자의 소득을 높이는 긍정적인 영향을 미쳤다. 인공지능과 자동화 기술 역시 일부 일자리는 대체하겠지만 이를 보완하는 새로운 일자리가 창출될 것이다.

결과적으로, 인공지능은 기존 일자리를 대체하기보다는 새로운 일자리를 창출할 가능성이 더 높다. 그렇기에 인공지능 교육에서는 새로운 일자리를 이해하고 준비하기 위한 역량 개발이 우선시되어야 한다. 인공지능으로 인해 창출되는 일자리가 인공지능 기술만을 요구하는 것은 아니다. 인공지능 기술의 간접적인 영향을 받는 일자리도 늘어나고 소득 향상으로 인해 서비스업이 더욱 발달할 것이다. 한편 인공지능이나 첨단기술을 기피하는 사람들로 인해 반대급부적으로 인공지능과 관련성이 전혀 없는 일자리도 늘어날 수 있다. 따라서 인공지능 교육은 지금까지 보지 못했던 일자리를 상상하고 만들며 준비하는 방향으로 나아가야 한다.

인공지능 관련 기술 분야

패턴 인식 (Pattern Recognition)	기계에 의하여 도형, 문자, 음성 등을 식별하는 기술
자연어 처리 (Natural Language Processing)	생활 속에서 사용하는 보통 언어를 인식하여 처리하는 기술
자동제어 (Automatic Control)	목표 값과 검출된 신호를 비교하여 오차를 조정하는 기술
로보틱스 (Robotics)	로봇의 설계, 제조, 응용 분야를 다루는 기술
인지로봇공학 (Automatic Control)	제한된 로봇 자원으로 복잡한 인식 능력을 구현하는 기술
컴퓨터 비전 (Computer Vision)	실세계 정보를 취득하기 위한 로봇 눈을 개발하는 기술
가상현실 (Virtual Reality)	컴퓨터로 실제 환경과 상호작용하는 것처럼 만드는 기술
양자컴퓨터 (Quantum Computer)	양자역학의 원리에 따라 작동되는 컴퓨터를 구현하는 기술
자동 추론 (Automated Reasoning)	완전한 자동 추론이 가능한 소프트웨어를 개발하는 기술
사이버네틱스 (Cybernetics)	생물과 기계를 포함한 세상을 종합적으로 연구하는 분야
데이터마이닝 (Data Mining)	데이터의 관계를 발견하고 정보를 추출하여 활용하는 기술

지능 엔진 (Intelligent Agent)	인공지능 기능을 갖춘 소프트웨어 엔진을 구현 하는 기술
시맨틱 웹 (semantic Web)	정보 자원의 뜻을 이해하고 논리적 추론이 가능 한 웹 기술

*출처 : 한국정보화진흥원(NIA), '모바일 시대를 넘어 AI 시대로', IT&Future Strategy, 2010년 8월
25일 자료를 재구성함

평생 배움을 지원하는 내 곁의 인공지능
: 인공지능 활용 교육

인공지능 활용 교육은 다양한 에듀테크(Edu-Tech)와 접목한 인공지능을 교수의 학습 활동에 이용하는 것이다. 에듀테크란 교육(Education)과 기술(Technology)의 합성어로, 기존 e-러닝에 인공지능, 빅데이터, 가상현실(VR), 증강현실(AR) 등의 신기술을 활용한 차세대 교육을 말한다.

인공지능이 교육 분야에 본격적으로 채택되기까지는 속도가 더딜 수 있다. 그러나 가까운 미래에 인공지능 교육이 일상화될 것이므로 인공지능 활용 교육을 더 이상 지체해서는 안 된다. 교육을 통해 인공지능을 활용하면서 학생들은 인공지능을 더 잘 이해하게 되고 학습에도 실제적인 도움을 받을 수 있다.

에듀테크로 시작된 온라인 교육 혁명은 이미 세계 여러 곳에서 실행되고 있다. 교육 분야에서 인공지능을 활용하는 것은 한 명의 교사가 수많은 학생을 상대로 강의하는 낡은 근대식 학교 교육의 문제를 개선할 수 있는 가장 적합한 대안이다. 인공지능은 입력된 데이터에 반응하고, 적응하고, 데이터를 조정하며, 때로는 독립적인 알고리즘을 생성할 수 있다. 이러한 인공지능의 기술 덕택에 학생들의 학습 데이터가 입력되어 학생 개개인에게 독립적인 학습 경험을 지원할 수 있다.

인공지능 활용 교육에 도움이 되는 인공지능의 기술적 특징은 다음과 같다.

첫째, 인공지능은 '즉각적'이다. 교사는 학생들의 표정이나 음성, 행동을 통해 감정을 파악하고 그에 맞는 적절한 조치를 내릴 수 있지만 많은 시간과 노력이 필요하다. 한편 인공지능은 학생들의 표정과 음성을 인식하여 참여 정도와 감정 상태를 실시간으로 파악할 수 있다. 학생들이 관심 있는 영역을 찾고 해당 영역을 얼만큼 이해하고 있는지, 자신감은 어느 정도인지 파악할 수 있다. 인공지능은 분석 결과에 따라 적절한 반응을 즉시 제공할 수 있다.

둘째, 인공지능은 '결정적'이다. 학생들의 행동에 따른 반응을 넘어 인공지능은 장기적인 관점에서 취해야 할 조치를 결정한다. 인공지능은 학생과 관련된 자료를 해석하고, 학생이 주어진 목표를 달성하기 위해 어떻게 해야 하는지 알려준다. 또한 수업하는 과정에서 어려움을 겪는 학생을 찾아 상황에 맞는 처방을 빠르게 결정할 수 있다.

셋째, 인공지능은 '적응적'이다. 인공지능은 결정을 끝까지 유지하는 것이 아니라 수시로 학생들의 상태를 파악하면서 결정을 조정한다. 인공지능은 단기적으로 학생들의 행동에 반응하고, 장기적으로 주어진 목표에 따라 조치를 취하면서도 늘 학습 상황에 맞게 적응하는 능력을 갖추고 있다. 이런 특징은 학생들이 낙오 없이 학습을 지속하는 데 도움을 준다.

넷째, 인공지능은 '독립적'이다. 인공지능은 인간의 개입 없이 스스로 자료를 분석하고 처방하고 수정할 수 있다. 인공지능의 독립적인 기술 특징은 교사와 학생에게 긍정적인 영향을 준다. 교사는 수업 이외에도 채점이나 출제, 평가 등의 업무를 처리해야만 한다. 인공지능은 이런 일을 교사의 도움 없이 독립적으로 처리함으로써 교사가 수업을 충실히 준비하는 데 더 많은 시간을 할애하도록 해준다. 학생도 마찬가지다. 학생들이 적합한 교육 자료나 평가 문항을 찾으려면 자신의 실력을 객관적으로 파악하고 있어야 한다. 하지만 학생 입장에서 그렇게 하기란 쉽지 않다. 인공지능은 어려움을 겪는 학생들을 도와 학생들의 현재 수준을 파악해서 알려주고, 그에 따른 조치를 취하게 해준다. 학생들은 인공지능의 도움을 받아 학습 수준을 스스로 진단하고 처방할 수 있어서 자기 주도적 학습에 도움이 된다.

정보 검색을 넘어 튜터링 시스템으로

우리는 매일 인터넷을 이용하여 정보를 찾지만 인공지능의 역할을 잘 알지 못한다. 자료를 검색할 때 인공지능은 내가 과거에 찾았던 자료를 분석하여 앞으로 검색할 만한 것들을 미리 보여준다. 예를 들어 친구들과 여행할 때 인공지능은 나의 위치를 기반으로 주변의 명소나 맛집을 찾아 추천해준다. 우리가 찾지 않아도 '찾아주는' 서비스가 인공지능으로 가능하다.

이러한 인공지능의 기능은 일상생활뿐 아니라 학교에서도 활용될 전망이다. 교육 분야의 인공지능은 학생들이 학습하면서 남긴 기록을 쫓는다. 학생들의 말이나 행동, 태도, 습관 등을 분석하여 관심사와 필요로 하는 것을 예측하여 정보를 제공한다. 인공지능을 활용하여 교육받은 학생들은 지금과 다른 방식으로 정보를 이용하고 공유하고 소통하면서, 그들의 학습 경험을 확장해나갈 수 있다. 인공지능 활용 교육은 인공지능을 접하는 기회뿐만 아니라 직접 학습에 도움을 줄 수 있는 보충·심화 학습의 기회도 제공한다.

아직 교육 분야에서 인공지능을 활용하는 경우가 많지 않아서 인공지능의 성능을 높이는 학습 데이터가 충분하지는 않다. 하지만 인공지능 활용 교육이 확대되어 학생 개개인의 데이터가 축적된다면, 다양한 튜터링 서비스가 가능해질 것이다. 예를 들어 웅진씽크빅에서 개발한 AI 수학이나 EBS에서 개발한 AI 단추시스템은 학생들이 어려워하거나 부족한 부분을 찾아 주어서 학생들 스스로 보충하고 심화 학습할 수 있도록 해준다.

현재의 교육 상황에서는 인공지능으로 고차원적 사고력이나 창의성을 교육하는 데 한계가 있다. 하지만 기술의 발달 속도를 고려할 때 인공지능은 수년 안에 인간의 고차원적 사고력을 기를 수 있는 고급 튜터링 시스템으로 발전할 것이다.

인공지능 활용 교육은 적합한 자료의 검색을 넘어 보충·심화 학습을 지원하고, 창의적인 사고력을 기르는 기회를 제공할 수 있다. 기회가 모든 학생에게 제공되도록 인공지능 활용 교육을 더 이상 미루지 않고 지금부터 시작해야 한다.

학업 중단은 줄이고 적응력은 높이고

무언가를 성취하는 과정에서 우리는 많은 실수와 시련을 겪는다. 시련을 이겨냈을 때 더 달콤한 성취감이 느껴지기도 한다. 혹자들은 이런 실수와 시련은 학습을 위해 필요하다고 강조한다. 그러나 일부 학생들에게 실수와 시련은 새로운 도전의 발판이 아니라 좌절감과 패배 의식을 심어줄 수도 있다. 어떤 학생들은 실수를 다른 사람에게 보이기를 꺼려 교사나 친구들에게 의논하지도 않는다. 심지어 그 실수를 해결하려는 시도조차 하지 않아서 학생의 고충과 어려움이 날로 더해간다.

이런 상황에서 인공지능은 다른 방식으로 접근하여 교육 현장에 긍정적인 변화를 줄 수 있다. 시행착오를 겪는 학생들이 교사의 도움을 요청하기 이전에 인공지능을 활용하면 학생의 부담을 줄일 수 있어서 학생들이 더욱 적극적으로 실수를 고치려고 노력하게 된다. 그리고 친절한 인공지능의 도움으로 어려운 과제를 해결했을 경우 더 높은 과제에 도전하려고 시도할 수 있다.

2018년 한국교육개발원의 자료에 따르면 우리나라 초·중·고 학생들의 학업 중단율은 2015년 이후 점차 증가하고 있다. 2015년에 고등학생 가운데 학업을 중단한 학생은 2만 2,554명이었는데, 2017년에는 2만 4,506명으로 증가했다. 인공지능이 교육에 활용된다면 학생들의 학습 경험을 향상시키는 데 도움을 줄 뿐만 아니라, 학생들이 원하는 학습을 운영할 수 있어서 학업 중단율을 감소시키고 졸업률은 높일 수 있다.

2020년 OECD 조사에 따르면 학력이 높을수록 실업률이 낮아졌다. 2018년에 경제 수준이 중·상위권인 국가에서 중등교육을 이수한 고학력자의 실업률은 약 5.7퍼센트인 반면에, 중등교육 이하 저학력자의 실업률은 9.8퍼센트로 나타났다.

따라서 인공지능 활용 교육을 도입하여 학생들의 요구를 고려한 교육과정을 운영한다면 학업 중단율이 감소하고 졸업률이 증가하여 학생들이 더 많은 취업 기회를 얻게 될 것이다. 결과적으로 학력이 높아짐에 따라 실업률도 낮아지고 그로 인해

소득도 향상될 것이다.

인공지능으로 가능해진 수준별 학습

학생들은 진로를 결정할 때 자신의 수준과 적성을 알고 싶어 한다. 그리고 진로를 위해 지금 무엇을 준비해야 하는지 궁금해 한다. 특히 대입 및 취업을 앞둔 학생들은 지금 선택한 과목이 대입이나 취업에 어떤 도움을 주는지 가장 궁금해한다. 입시를 상담하는 교사 역시 학생들이 대입 및 취업에 적합한 과목을 선택하도록 지원하고, 그에 따른 학생들의 개별 학습 계획을 세우는 데 도움을 주고자 노력한다.

그러나 교사 혼자 모든 학생의 수준과 적성을 파악하여 진로를 논의하고 그에 맞는 과목을 선택해서 지원해주는 것은 현실적으로 불가능하다. 물리적 시간도 충분하지 않다. 결국 교사는 도움을 요청하는 학생들을 중심으로 상담할 수밖에 없고, 그조차 많은 시간을 할애하기는 쉽지 않다. 그렇기에 교사는 도움이 필요하지만 교사를 찾지 않거나, 자신이 어떤 도움이 필요한지 모르는 학생들에게는 도움을 주기 어렵다.

이런 상황을 개선하기 위해 미국 카네기멜론대학교는 인공지능을 기반으로 한 스텔릭(Stellic)시스템을 이용하여 학생들의 진로 교육을 지원하고 있다. 이 시스템은 학생들이 진로 템플릿을 이용하여 학습 계획을 수립하면 그 계획에 맞게 학습을 진행하고 있는지 분석하여 교사에게 전달한다. 또한 학생들을 실시간으로 모니터링하여 학습에 어려움을 겪는 학생을 돕고 낙오자가 발생하지 않도록 지도한다.

학생 수준 데이터를 기반으로 세워진 성과 분석 시스템은 새로운 학생들에게도 유용한 정보를 제공할 수 있다. 과거 학생들의 경험에 비춰볼 때 성공적으로 과정을 마치기 위해 필요한 수준이 어떠한지를 보여줄 수 있다. 또한 그에 맞게 학생을 지원하고 진학에 도움을 줄 수 있어 학생들의 진학률과 졸업률을 높일 수 있다. 고등학교뿐만 아니라 미래의 대학 전공과 진로에 맞춘 교육을 실행할 수도 있다.

학교 밖 학생들을 지원한다

인공지능은 학교뿐만 아니라 학교 밖에서도 활용할 수 있다. 인공지능 활용 교육이 학교에서 학생과 교사를 지원하듯, 가정에서도 인공지능이 학생과 학부모를 지원할 수 있다. 학부모는 자녀의 숙제나 과제, 시험을 준비하는 일이 정말 힘들다. 초등학교 과정이라도 학부모가 배운 교육과정은 지금 자녀가 배우는 것과 차이가 있고, 오래전에 배운 내용이어서 자녀가 질문하면 바로 대답하기가 쉽지 않다.

학교 밖에서도 인공지능을 활용하면 학생들에게 개인 지도와 함께 학습 성향에 맞는 콘텐츠를 제공할 수 있다. 이때 인공지능 학습 시스템은 학생이 충분히 이해할 수 있는 맞춤형 과제를 제시한다. 모든 학생에게 똑같은 과제를 전달하는 것이 아니라, 학생 수준을 고려하여 개인화·개별화된 과제를 전달하고 알맞은 피드백을 제공한다.

특히 학습장애를 가진 학생이나 기초 학력이 부족한 학생에게 인공지능은 보다 친절하고 구체적인 도움을 준다. 언어 능력이 부족하여 과제 자체를 이해하지 못하는 학생들에게 인공지능은 복잡하고 어려운 표현을 사용하지 않고, 학생들이 잘 이해할 수 있는 어휘로 바꾸어 설명한다. 학생들이 이런 학습 시스템에 점차 숙달되면 상황에 맞는 좀 더 풍부하고 다양한 어휘를 사용할 수 있게 된다. 이처럼 언어 능력이 부족한 학생을 지도하거나 기초 학력이 부족한 학생에게 개별 학습을 지원할 때 인공지능 학습 시스템은 큰 도움이 된다.

인공지능 활용 교육은 학교 밖의 학생뿐만 아니라 학교 밖에 있는 교사나 학부모에게도 도움을 준다. 교사와 학부모는 학교 수업이 끝난 뒤 가정이나 학원에서 학습하고 있는 학생들의 정보를, 인공지능으로 수집 및 분석하고 진단하여 학생들을 위한 수업 계획을 세울 수 있다. 이런 학습 과정을 거치면서 교사는 자신이 가르쳤음에도 불구하고 학생들의 이해가 부족한 부분이 있다면 교수법에 문제가 없는지 되돌아보게 된다. 이는 자녀를 가르치고 코칭하는 학부모에게도 동일하게 적용된다.

성인의 평생교육을 지원한다

인공지능은 학생과 더불어 성인에게도 유용한 학습 도구이다. 인공지능에 접근할 수 있는 누구나 인공지능 활용 교육의 혜택을 볼 수 있다. 인공지능은 학교 밖 성인에게 학습 전반에 걸쳐 개별적인 학습을 지원할 수 있다. 성인의 학습 결과를 측정하는 온라인 평가를 통해 실시간으로 학습 내용을 재구성하면서 최적화된 학습을 제공한다. 다만 아직은 초·중·고등학생이나 대학생에 비해 성인 학생의 수가 많지 않아서 축적한 학습 데이터가 부족하므로 적절한 서비스가 어려울 수 있다. 그렇기에 지금부터라도 평생교육 분야에서 성인을 대상으로 인공지능활용 교육을 시작하여 학습 데이터를 차곡차곡 쌓아야 한다.

성인이 대상인 평생교육은 누구나 언제, 어디서나 스스로 자발적으로 하는 경우가 많아서 인공지능 학습 시스템으로 교육하면 더 활성화될 수 있다. 평생교육 과정에서 생각이나 아이디어 수준에 머무를 수 있는 부분을 인공지능이 명확하고 형식화된 교육 서비스를 제공함으로써 학습 능력을 높이는 데 도움을 줄 수 있다.

평생교육 관점에서 인간의 역량을 개발하고 재교육하는 일은 늘 필요하다. 그러나 데이터를 기반으로 학습한 인공지능은 교육에 접목되더라도 인간적 특성까지 이해하면서 개인의 성장을 이끌기 쉽지 않다. 인공지능이 도입되더라도 인간의 성장과 내적 변화를 이끌기 위한 다양한 차원에서의 노력은 계속 필요하다. 모든 기술이 그래왔던 것처럼 인공지능 기술도 끊임없이 변화하며 진보할 것이다. 그에 따라 인공지능 활용 교육도 학교에 접목되면서 끊임없는 변화를 겪게 된다. 학교 교육에서 습득한 역량을 전 생애 동안 활용하는 것은 불가능하다. 따라서 인공지능 활용 교육은 소수의 학생이나 학교만을 위한 교육이 아닌, 학교 밖 모두를 위한 교육으로 자리매김해야 한다.

나만의 인공지능을 만들며 배우기: 인공지능 개발 교육

학생들은 인공지능 개발 교육으로 인공지능을 직접 설계하고 구현함으로써 인공지능을 더 잘 이해할 수 있다. 물론 인공지능을 설계하고 구현하려면 기존 인공지능 학습 시스템을 사용해본 경험이 풍부해야 한다. 따라서 앞에서 살펴본 인공지능의 이해 및 활용 교육이 병행되었을 때 그 교육 효과가 더 크다.

인공지능 개발 교육은 다양한 형태의 인공지능 프로그램과 교류하고, 토론하고, 간단한 인공지능을 직접 만들어보는 과정으로 이루어진다. 이를테면 인공지능과 상호작용하면서 어떻게 작동하는지를 배우고 실험적으로 챗봇을 만들어보면서 인공지능에 대해 좀 더 깊이 이해할 수 있다.

아직은 학교에서 인공지능을 설계하고 구현하는 전체 과정을 학생들에게 교육하는 데 기술적인 어려움이 크다. 하지만 최근 엔트리(Entry), 엠블록(MBlock), ML4K(Machine Learning for Kids) 등 어린 학생을 위한 인공지능 교육 플랫폼에서 이런 작업이 가능해졌다. 이 플랫폼에서 훈련용 데이터를 입력하여 AI 모델을 만든다. 이후 그것을 시험용 데이터로 테스트한 뒤 스크래치(Scratch)나 엔트리 같은 교육용 블록 프로그래밍 도구를 이용하여 학생들이 만든 AI 모델을 인공지능 프로그램으로 구현할 수 있다.

인공지능이 센서를 사용하여 사물을 인식하고, 표현하고, 학습하고, 추론하고, 상호작용하는 일련의 과정을 학생들이 잘 이해하기 위해서는 인공지능을 직접 만들어보는 방법이 가장 좋다. 인공지능 개발 교육에 포함해야 할 주요 활동은 다음과 같다.

첫째, 인공지능의 인식 과정을 이해하고 구현한다. 인공지능은 센서를 통해 수집한 데이터와 사용자가 직접 입력한 데이터를 이용해서 모델을 만든다. 인공지능은 센서가 수집한 데이터에서 의미를 추출한다. 이때, 학생들은 인공지능이 음성이나 이미지를 인식하려면 많은 데이터가 필요하다는 것을 이해해야 한다. 한편 인공지능이 인식하는 데 한계가 있다는 것도 알아야 한다. 엔트리 같은 개방형 인공지능 교육 플랫폼을 이용하면 텍스트나 이미지, 음성, 비디오를 인식하고 분류하는 경험을 해볼 수 있다.

둘째, 인공지능의 표현과 추론 과정을 이해하고 구현한다. 인공지능은 데이터로 세상을 표현하고 모델을 만들어 추론한다. 데이터에 담겨 있는 기존 지식에서 새로운 정보를 추출하는 추론 활동을 수행해 그 결과를 구조화된 자료로 나타낸다. 학생들은 이 과정에서 간단한 추론 알고리즘을 프로그램으로 구현하기 위해 적절한 자료구조(컴퓨터에서 자료를 효율적으로 관리하고 표현하는 방법)를 만들어볼 수 있다.

셋째, 인공지능의 학습 과정을 이해하고 구현한다. 인공지능은 데이터를 통해 학습할 수 있다. 머신러닝은 데이터에서 패턴을 찾기 위해 다양한 통계 기법을 활용한다. 최근 딥러닝을 활용한 학습 알고리즘은 보다 유의미한 결과를 출력하는데, 딥러닝으로 성공적인 결과를 만들려면 방대한 데이터가 필요하다. 데이터는 인간이 입력하기도 하지만 인공지능이 자체적으로 생산할 수도 있다. 학생들은 개방형 인공지능 교육 플랫폼에서 제공하는 데이터를 이용하여 간단한 인공지능 프로그램을 만들며 학습 과정을 체험해볼 수 있다.

학생들이 직접 교육 플랫폼을 활용해 응용 프로그램을 설계하면서 인공지능에 대해 좀 더 깊게 이해하고 생각을 구체화하게 되어 창의력을 기를 수 있다. 또한 데이터를 이용하여 AI 모델을 만들어 테스트하는 과정에서 신뢰할 수 있는 인공지능은 무엇이며, 반면 신뢰할 수 없는 인공지능은 어떤 결과를 초래하는지도 이해하게 된다.

모두를 위한 '착한' 인공지능: 인공지능 윤리 교육

우리가 학습하고, 소통하고, 일하고, 여행하는 등 삶의 모든 방식을 인공지능 기술이 바꾸고 있다. 그렇기에 더욱더 인공지능 기술이 우리에게 미치는 영향과 잠재적인 위협을 깨달아야 한다. 편향된 데이터와 공정하지 못한 알고리즘으로 만들어진 인공지능은 사회적 갈등을 심화시킬 수 있다. 따라서 인공지능을 설계하고, 개발하고, 활용하기 위해서는 윤리적 기준이 마련되어야 한다. 학생들은 이런 윤리적 기준에 따라 인공지능 기술의 투명성과 공정성을 평가해야 한다. 또한 인공지능이 사회적 혼란을 유발할 수 있음을 충분히 인지하고 혼란에 대처할 수 있어야 한다.

현재의 인공지능 기술은 사고(思考) 없이 패턴을 인식하는 수준이지만 우리 삶을 변화시킬만한 잠재력이 크다. 즉 인공지능이 발전함에 따라 인류에게 긍정적인 영향을 미칠 수 있고, 실존적인 위협을 끼칠 수도 있다. 한 가지 분명한 사실은 미래에 우리는 지금보다 뛰어난 인공지능과 공존하는 삶을 살 것이다.

현재 교육 분야의 인공지능은 그 문제점이 심각하게 드러나지는 않았다. 하지만 시간이 한참 흐른 뒤 인공지능 교육에 문제가 있었다는 것을 뒤늦게 깨달을 수도 있다. 문제의 대부분은 윤리적으로 정당하지 못했을 때 피해가 확대된다. 사람들이 인공지능의 이런 점을 인지하고 있기에 인공지능 교육을 시작한 대부분의 교육기관은 인공지능 윤리 교육을 기본적으로 포함하고 있다.

2019년에 MIT 미디어랩에서 개발한 인공지능 교육과정에는 인공지능 윤리 교육의 목표를 "인공지능 알고리즘은 편향될 수 있고, 이해당사자에 따라 목적이 달라질 수 있음을 인식하는 것"으로 제시하고 이를 주요 내용으로 지도하고 있다.

유럽연합(EU)에서는 각계각층의 의견을 수렴하여 2019년에 인공지능에 대한 윤리지침을 마련했다. 이 지침 중에서 우리나라 인공지능 교육에 포함되어야 할 내용을 중심으로 정리하면 아래와 같다.

인공지능은 인간의 기본권을 보장해야 한다

인공지능을 개발하고 활용할 때 우선적으로 인간의 기본권을 생각해야 한다. 구체적인 내용은 네 가지로 요약해볼 수 있다.

인공지능은 인간의 존엄성을 존중해야 한다. 모든 인간은 타인에게 무시당하거나 억압받지 말아야 할 '존엄성'을 가지고 있다. 인간의 본질적 가치는 인간뿐 아니라 기계로부터도 존중되어야 한다. 이에 따라 인공지능은 인간의 정체성이나 본질적인 욕구를 존중하고 보호하는 방식으로 개발되어야 한다.

인공지능은 개인의 자유를 보장해야 한다. 인간은 누구나 자유롭게 자신의 삶을 결정할 수 있어야 한다. 개인의 자유는 직접적인 강요나 불법행위, 정신적 자율성이나 건강에 대한 위협, 부당한 감시와 속임수, 불공평한 조작에서 벗어나는 것을 의미한다. 인공지능도 인간의 자유를 침해해서는 안 된다. 한편 위험한 상황에서 벗어날 수 있게 해주는 인공지능 기술이 있다면, 그 혜택에서 소외된 사람들이 없도록 해야 한다.

인공지능은 민주주의의 절차와 평등을 존중해야 한다. 인공지능은 민주적 절차를 유지하고 지향하며, 개인의 가치와 삶의 다원성을 존중해야 한다. 인공지능은 법치주의가 확립한 규범과 법, 지침을 훼손하지 않고, 관련 법에 따라 적법한 절차와 평등을 보장해야 한다. 모든 인간은 인공지능 기술에 의해 차별받아서는 안 된다. 인공지능을 학습시키는 데 사용한 데이터는 특정 계층에게 유리하거나 불리해서도 안 된다. 인공지능을 편향 없는 데이터로 학습시키고 그 결과가 근로자, 여성, 장애인, 소수 민족, 어린이, 소비자 등에게 불리하지 않도록 배려가 필요하다.

인공지능은 시민의 권리를 존중하고 보호해야 한다. 대부분의 국가에서 시민은 참정권, 투표권, 열람권, 청원권 등 광범위한 권리를 보장받는다. 인공지능은 시민의 권리가 침해되지 않도록 공공재와 서비스를 효율적으로 제안하고 개선하는 방안을 제시해야 한다.

인공지능은 인간에게 해를 끼쳐서는 안 된다

인공지능은 인간에게 위해를 가하거나 악영향을 끼쳐서는 안 된다. 인간의 기본권을 지키기 위해 인공지능 알고리즘이나 응용 프로그램뿐 아니라 그것이 작동되는 환경까지도 안전해야 한다. 또한 인공지능이 다른 사람이나 기계에 의해 악의적으로 사용될 수 있음을 인지하고 이를 적극적으로 차단해야 한다. 이러한 지침은 인간뿐 아니라 인간에게 간접적으로 영향을 미칠 수 있는 환경과 생명체도 포함된다.

즉 인공지능은 인간을 부당하게 종속시키거나, 강요하거나, 속이거나, 조작하거나, 조건을 걸거나, 집단화해서는 안 된다. 인공지능은 인간의 인지적 능력을 향상시키고, 사회적·문화적 능력을 증진시키며 보완할 수 있도록 설계되어야 한다. 인간을 중심에 두고 인공지능의 역할을 설계하며, 인공지능은 인간이 의미 있게 선택할 수 있도록 도와야 한다. 인공지능이 업무를 처리할 때도 인간에 의해 관리받거나 인간을 지원하며 의미 있는 일을 하는 것을 목표로 한다.

인공지능은 실제적으로 공정해야 한다

인공지능을 설계하고, 개발하고, 배치하고, 활용하는 과정 전체가 실제적으로 의미 있게 공정해야 한다. 여기서 공정이란 인공지능으로부터 발생하는 이익이나 손해가 모든 이해당사자에게 균등하고 정의롭게 분배되어야 함을 의미한다. 특정 개인이나 집단이 인공지능으로 인해 불공평한 편견과 차별적인 상황에 놓여서는 안 된다. 또한 인공지능을 활용하는 과정에서 인공지능의 선택을 책임질 수 있는 사람이 누구인지 명확해야 하며, 그 사람은 인공지능의 결정이 어떻게 이루어졌는지 투명하게 설명할 수 있어야 한다.

공정성은 인공지능의 설계와 구현 단계에서뿐 아니라 운영되고 폐기되기까지의 전 수명주기에 걸쳐 모든 이해당사자가 참여해야 한다. 의도하지 않았지만 특정 집단이나 사람들에게 직접적인 편견과 차별로 이어질 수 있는 데이터가 있다면 인공지능에 포함되지 않도록 거를 수 있는 장치가 마련되어야 한다. 인공지능을 설계하는 과정에서 시스템의 목적이나 요구 사항, 제약 조건 등을 결정할 때 다양한 지역이나 문화, 사회·경제적 환경을 고려해야 한다.

인공지능 응용 프로그램은 특정 목적을 달성하기 위해 개발된다. 따라서 프로그램과 관련된 이해당사자들의 관계와 목적을 파악하고, 그것이 서로 충돌할 경우 모든 이해당사자의 기본권을 포함한 윤리 원칙에 위배되지 않는지를 우선적으로 평가해야 한다. 윤리적으로 수용하기 어려울 때는 더 이상 해당 인공지능 응용 프로그램이 교육에 활용되어서는 안 된다.

03
인공지능 교육, 무엇이 어떻게 다를까

맞춤학습을 지원하는 나만의 AI 개인교사

교육은 학교에서 정해진 교육과정에 따라 모두에게 똑같이 획일적으로 전달하는 강의가 아니라, 학생 개개인의 요구가 중요시되는 개별 학습이 제공되어야 한다. 정규 수업 시간에 이루어지는 학습만으로 원하는 학습 목표에 도달하기 어려울 때는 학교 밖에서도 학습할 수 있도록 지원해야 한다. 특정 학생에게 모든 것을 가르치기보다는 학생이 모르는 것이나 필요한 부분을 찾아 가르쳐야 한다. 또 계획된 학습 시간과 정해진 장소에서만 학습하는 것이 아니라, 학생이 원하는 시간과 장소에서도 학습할 수 있어야 한다. 이것이 바로 개별화된 맞춤학습이다.

　그러나 교사가 학생이 원하는 맞춤학습을 진행하더라도 몇 가지 현실적인 문제가 있다. 학생들이 자신의 수준과 적성을 제대로 모른다. 어린 학생일수록 더욱 그렇다. 또한 학생들이 원하는 학습이 수시로 변경될 수 있다. 학생 개개인에게 시행될 맞춤학습은 제각각 다르며, 장기적으로 볼 때 해당 맞춤학습이 잘못된 선택일 수도 있다. 학생들이 원하는 맞춤학습을 제공하는 데 필요한 교육 여건이나 교사 수급 등의 문제도 발생한다.

　학생들의 수준과 적성에 따라 개별 학습을 제공하고 싶어도, 학생들의 학습 진행 상황을 분석하고 그에 맞는 콘텐츠를 찾아 학생 개개인에게 일일이 전송하기란 현실적으로 불가능하다. 교사 혼자서 담당하는 모든 학생을 진단하고, 분석하고, 필요한 학습을 제공하기는 매우 어렵다. 해당 학생에게 제공한 맞춤학습이 단기적 혹은 장기적으로 적절한지에 대한 분석도 쉽지 않다.

　이처럼 개별화된 맞춤학습을 제공하려면 풀어야 할 과제가 많고, 결국 이 문제를 해결하려면 인공지능의 도움이 필요하다. 인공지능은 배우려는 학습자를 돕고 가르치려는 교사를 도우며, 이 둘을 연결시켜 더욱 효과적인 학습을 가능하게 한다. 인공지능 시스템이 개별 학습을 유용하게 만들고, 맞춤학습을 강화시키는 방법을 구체적으로 살펴보자.

언제 어디서든 개인 맞춤학습이 가능해지다

학생 개인의 흥미, 소질, 적성, 수준, 학습의 속도 등을 진단하고 그에 따른 처방이 개별적으로 이루어져야 하지만, 현재의 학교 제도는 이미 정해져 있는 교육과정에 따라 모든 학생에게 동일한 수업을 하고 있다. 이러한 문제를 개선하기 위해 우리나라 교육기관은 다양한 정보기술을 도입하고, 수업 방식을 혁신하고자 노력했다. 그러나 여전히 많은 학생이 교실 수업에서 소외되는 현상은 극복하지 못한 과제다.

한 명의 교사가 여러 학생을 대상으로 강의하는 수업 방식을 보완하고, 학생들의 수준과 적성에 맞는 맞춤형 학습을 제공하기 위해서는 인공지능 교육을 도입해야 한다. 인공지능 교육은 개인화, 개별화된 학습 경험을 제공하는 데 유용하다. '개인화된 학습'은 모든 학생에게 동일한 교육 목표와 교육 내용을 제공하지만, 교수 학습 방법을 개인별로 차별화하여 공동의 목표에 도달하도록 해준다. 한편 '개별화된 학습'은 교육 목표와 교육 내용을 각각의 학생에게 다르게 제공하고, 그에 따른 교수 방법도 차별화시키는 방안이다.

우리나라는 학교에 인공지능 교육이 도입되었을 때 당장 개별화된 교육은 어렵더라도 개인화된 교육은 가능하다. 인공지능을 교육에 적극적으로 도입하여 교사의 업무 부담과 수업 부담을 줄이고 맞춤학습을 시행해야 한다.

인공지능 교육이 도입되면 학생들의 교육 장소는 교실로만 한정되지 않는다. 인공지능과 학생이 연결되는 곳이라면 언제 어디서든 학습할 수 있다. 코로나19 사태에서의 원격수업을 예로 들어보자. 모든 학생이 참여하는 실시간 쌍방향 수업에는 모두가 동일한 시간에 접속한다. 이런 경우 교사에게 여러 학생이 동시에 질문하여 답을 요청하거나 자신에게 맞는 자료를 요청하면, 일일이 대응하기가 어렵다. 그러나 인공지능이 도입되면 원격수업 상황에서도 학생들이 필요로 하는 맞춤학습을 더 쉽게 지원할 수 있다. 인공지능은 비디오 인식 기술을 활용하면 화상 수업 중에 카메라로 전송되는 학생들의 표정이나 발언을 실시간으로 분석할 수 있다. 교육용 플랫폼에 쌓이는 데이터를 이용하면 학생들이 잘하거나 부족한 부분의 교육 내용을 실시간으로 분석하여 교사에게 보여줄 수 있다. 학생들은 자신의 학습 진행 상황을 실시간으로 모니터링하면서 학습한다. 교사는 인공지능이 분석한 결과를 활용하여 학생 수준에 맞지 않는 교육 내용이 있는지 확인하면서 수업을 개선한다. 또한 학생들은 축적된 데이터를 활용하여 자신의 진로에 관한 정보를 수집할 수 있고, 교사와 더욱 풍부한 대화를 이어갈 수 있다.

교육가 살만 칸(Salman Khan)이 설립한 비영리 교육 동영상 사이트인 칸아카데미(https://ko.khanacademy.org)는 학생들의 집중 시간을 고려하여 10~15분가량의 비교적 짧은 강의를 제공해 학생들이 자신의 능력에 맞게 접근할 수 있도록 돕는다. 최근에는 코칭 기능을 추가로 도입하여 학생 개개인별로 학습 목표를 달성하는 방법을 안내하고 있다. 학생들에게 새로운 과제를 알려주고 교사와 학생, 학부모가 학습 진행 상황을 함께 모니터링하도록 지원한다.

이처럼 인공지능 교육의 도입으로 학생들의 학습 현황을 언제 어디서든 분석하여 개별 학생의 수준과 적성에 맞는 학습 경로를 끊임없이 제공할 수 있다. 인공지능은 학생들의 과거 학습 데이터와 현재 진행 중인 학습 데이터를 분석해서, 수시로 학습 경로와 교육용 콘텐츠를 조정한다. 특정 학생의 결과 데이터는 다음 학습을 위해 활용되며, 나아가 유사한 다른 학생들의 맞춤학습을 제공하는 데 활용된다. 인공지능 교육 플랫폼은 끊임없이 데이터로 학습하며 맞춤의 질을 높여간다.

쓸수록 정교해지는 인공지능 콘텐츠

인공지능은 과거의 학습 데이터를 활용하여 학생들의 성취도를 예측한 뒤 학생들에게 추가적인 학습과 조언 등을 제안함으로써 시의적절하게 콘텐츠를 제공한다. 학생들은 정규 수업 시간이나 자율 학습 시간에 인공지능이 제공한 학습 콘텐츠와 교감하면서 자신의 공부 방향성을 파악할 수 있다. 그러면서 학습 시간이나 분량을 조정하며 조금씩 학습 방법을 숙달시키게 된다. 인공지능은 제공한 콘텐츠에 따른 학생들의 반응을 확인하여 학생 수준과 적성에 맞춰 적응해간다. 그래서 궁극적으로 특정 학생만을 위한 정교한 학습 설계가 가능하다.

인공지능 교육은 특정 과목 내에서 콘텐츠를 선정하는 것뿐만 아니라 학생들이 진로와 관련된 교육과정이나 과목을 선택할 때도 도움을 준다. 인공지능은 학생별로 매 학기 기록된 학습 정보를 활용하여 다음 학기를 준비하기 위한 학습 계획도 세울 수 있다.

예를 들어 선택 중심 교육과정을 받는 고등학생은 자신의 수준과 적성에 맞는 선택과목을 고르기 매우 힘들어한다. 그러나 인공지능은 학생이 지금까지 공부한 것과 다양한 진로적성검사 결과를 종합하여 가장 적합한 과목을 추천할 수 있다. 만약 학생이 지난 학기에 어떤 과목에서 어려움을 겪었다면, 해당 과목과 관련된 영역을 학습할 때 인공지능이 교사에게 도움을 요청하거나 추가적인 보충 학습 자료를 구해서 예습하도록 도울 수 있다.

미국의 미시간대학교에서는 인공지능을 활용한 E코치(ECoach)를 운영한다. E코치는 맞춤형 웹 기반 플랫폼으로서 학생들이 수많은 강좌를 탐색하거나 강사와의 일대일 상담 없이도 강좌를 선택하도록 돕는다.

간단한 상담은 챗봇에게 물어보세요

인공지능은 우수한 자료를 제공할 수는 있지만 학생들의 내면적인 문제까지 파악하여 해결할 수는 없다. 인공지능이 아무리 학생의 수준과 적성에 맞는 콘텐츠를 제공하더라도 여러 가지 이유로 학생들이 공부하지 않는다면, 원하는 학습 목표에 도달하지 못한다. 이런 경우 교사의 도움과 적극적인 개입이 필요하다. 학생은 문제를 해결하기 어려울 때 수업 시간이나 방과 후 시간에 교사에게 관련된 질문을 자유롭게 할 수 있어야 한다. 그러나 교사는 방과 후 시간까지 상담하기가 쉽지 않고, 수업 시간에도 많은 학생이 동시에 질문하면 혼자서 감당할 수가 없다.

인공지능 챗봇은 인터넷 게시판에 올라온 기본적인 질문이나 학생들이 자주하는 질문을 일차적으로 답변해서 교사의 상담 시간을 확보할 수 있다. 결과적으로 교사는 인공지능이 할 수 없는 학생들의 심리적 상태나 정서적 변화에 따른 보다 깊이 있는 상담에 집중할 수 있다. 교사는 학생들과의 의미 있는 관계를 형성하는 데 더 많은 시간을 할애함으로써 많은 학생을 대상으로 개별화된 교육이 가능해진다.

애리조나주립대학교에서는 학생들의 전공과목 선택을 위해 e어드바이저(eAdvisor)를 운영하고 있다. 이 지능형 상담 시스템은 학생들이 4년 안에 졸업할 수 있도록 전공 지도를 개인별로 제공하여, 매 학기 졸업에 필요한 과정을 제대로 이수하는지 모니터링해준다. 이 과정에서 학생이 불만족스러운 성적을 받을 위험이 있다면, 학업자문위원회가 학생들의 학습 전략을 수립하는 데 도움을 준다. 이처럼 학교 행정에 챗봇과 같은 인공지능 기술을 도입하는 것은 미래 학교 경쟁력의 핵심이 될 것이다.

더 나은 협력과 소통을 돕는 인공지능

청소년기 학생들은 신체적인 성장뿐 아니라 지적, 정서적, 사회적 성장이 함께 이루어져야 한다. 인공지능 교육이 학습에 효과적이더라도 학생들이 개별 학습에 장시간 노출되면 또래 학습이나 공동 학습에서 형성될 수 있는 사회적 기능을 키우는 데 어려움을 겪는다. 인간은 혼자서 살아갈 수 없다. 많은 사람과 사회적 관계를 이루며 살아간다. 때로는 혼자만의 목표가 아닌 공동의 목표를 세우고 함께 성장하는 교육이 필요하다. 개별화된 학습만으로는 학생의 균형 있는 성장을 이루는 데 한계가 있다.

따라서 인공지능 교육에도 보고서, 과제, 실험 등을 공동으로 수행하는 학습 활동이 필요하다. 학생들이 직접 상호작용하면서 과제를 해결해나가고 다양한 지식을 통합하는 협력 학습은 사회 구성원으로서 소통하는 능력을 키울 수 있기에 매우 중요하다.

지켜보고 개입하고 도와주고: AI & 협력 학습

우리 사회가 점차 다원화되면서 자신의 의견을 다른 사람에게 표현할 수 있는 '개방적 사고', 다른 사람의 의견을 존중할 수 있는 '다면적 사고', 자신의 의견을 수정할 수 있는 '반성적 사고'는 매우 중요한 덕목이 되었다. 이러한 덕목을 가르치는 것은 인공지능 교육에서 실현하기 어렵다. 그래서 '협력 학습'을 적용해 학생들이 덕목들을 기를 수 있도록 해야 한다. 학생은 지식을 스스로 구성하면서 편견에 빠질 수 있다. 이때 협력학습은 다른 사람과 의견을 주고받으면서 지식을 넓히고, 생각을 스스로 수정하게 만들어 학생들의 편견을 없애는 데 도움을 준다.

그렇지만 학교 현장에서 실제 협력 학습을 진행해보면 많은 시간과 노력이 든다. 협력 학습을 할 때 가장 어려운 점은 모둠 활동에서 이른바 일벌레, 방해꾼, 무임승차자 학생을 파악하여 역할을 적절하게 조정하고, 모두가 참여하도록 독려하는 일이다. 모둠 구성원들이 협력하여 과제를 수행할 수 있도록 개인별로 적정한 난이도와 분량을 배분해야 한다. 또 학생 개인별 기여도와 모둠별 작업 상황을 실시간으로 확인하면서 부작용이 발생하지 않도록 해야 한다.

하지만 교사 혼자 수업 시간 내에 모든 학생의 기여도와 역할, 모둠별 진척 상황을 확인하는 건 쉽지 않다. 이때 인공지능 교육 시스템을 활용하면 교사의 수업 부담을 덜 수 있다. 인공지능은 정량적 데이터를 분석하고 진단하는 일을 잘 수행한다. 인공지능의 실시간 비디오, 오디오 인식 기능은 학생들의 모습(얼굴 표정, 몸짓이나 손짓 등의 제스처, 시선 등)과 수업 상황을 진단하고, 학생들의 참여도를 측정할 수 있다. 인공지능은 학생들을 분석하고 그 데이터를 통해 스스로 학습할 수 있다. 또한 학습된 결과를 바탕으로 학생들의 향후 행동을 예측할 수 있다. 이러한 인공지능 교육 시스템을 활용한 협력 학습의 장점은 다음과 같다.

먼저, 인공지능은 학생들 간에 더욱 나은 협업을 촉진한다. 인공지능이 효과적인 협업 전략을 인식하도록 훈련되면 특정 개념을 이해하지 못하는 개인이나 모둠을 식별할 수 있다. 인공지능이 제공하는 정보는 교사에게 실시간으로 전달되어 더 나은 모둠 활동을 위한 지원을 적시에 할 수 있다. 기존의 협력 학습과 같은 활동에서는 한 교사가 여러 모둠의 대화를 동시에 들을 수 없었는데, 인공지능은 텍스트 인식 기능을 활용하여 여러 모둠의 토론 내용을 동시에 모니터링할 수 있다. 인공지능은 수업 주제에서 벗어나거나 구성원 사이의 역할에 문제가 발생한 모둠을 즉시 교사에게 메시지로 전달하여 교사가 제때 개입할 수 있도록 지원한다.

인공지능은 학생들 사이의 대화에도 개입할 수 있다. 인공지능은 챗봇 기능을 활용하여 전문가나 코치, 조교, 또래 학생 등의 역할을 수행할 수 있다. 학생들이 과제를 수행하면서 어려움을 겪거나 역할 분담으로 갈등이 발생할 때 인공지능이 모둠 활동을 중재하여 좀 더 의미 있는 활동을 하도록 지원할 수 있다. 지능적인 챗봇은 학생과 함께 활동에 참여하여 질문하고,

과제 해결에 도움이 될 자료를 추가로 제공한다.

협력 학습에서 인공지능은 학생들의 말과 행동을 개별적으로 분석하고, 각 모둠에서 진행하는 과제 진척도를 실시간으로 확인한다. 그래서 특정 학생이 모둠에서 소외되거나 모둠을 지배하는 것을 감지하여 교사에게 알려줄 수 있다. 교사는 인공지능이 분석한 결과에 따라 모둠 구성원의 역할을 바꾸거나 모둠 과제를 수정할 수 있다. 또 특정 개인이나 모둠에게 협동하는 방법을 가르치거나 집단 보상을 제공해 학습 활동을 독려할 수 있다. 인공지능 교육은 협력 학습의 단점을 보완하여 구성원 모두가 참여하는 수업 환경을 마련해준다는 장점이 있다.

온라인 토론 수업에서도 학생들이 실시간 화상으로 의견을 활발하게 교환할 때, 교사가 일일이 학생들의 참여도를 추적하고 성과를 확인하면서 모든 학생에게 피드백을 제공하기란 매우 어렵다. 이런 단점을 보완하기 위해 최근 인공지능을 활용한 협력 학습 도구가 개발되고 있다. 대표적인 예로는 온·오프라인에서 이루어지는 협력 학습(e-토론)을 지원하는 AI 도구 아규넛(ARGUNAUT)이 있다. 아규넛은 머신러닝 알고리즘을 이용하여 학생들의 기여도를 군집별로 자동 분류해주어 협력 학습에서 교사가 수업 진척도를 쉽게 파악할 수 있도록 지원한다.

더 나은 방법을 위해 다름을 연결하다: AI & 프로젝트 학습

프로젝트 학습은 학생들이 배운 내용을 자유롭게 적용하고 탐색해보며 지식의 범위를 넓히는 활동이다. 학생들이 습득한 지식을 단순히 기억하는 게 아니라, 그 지식을 비판적으로 검토하여 특정 문제를 해결하는 과정에서 경험을 발전시키는 데 의미가 있다. 프로젝트 학습은 학생들이 실생활에서 흥미 있는 주제나 문제를 선정해 이에 관련된 정보를 수집하고, 그에 적합한 해결 방안을 설계하는 과정 중심의 활동이다. 전통적인 교실 수업에서는 교재를 활용해 이해하고 암기하며 진도를 나간다. 하지만 프로젝트 학습에서는 수업에서 습득한 지식을 프로젝트 전 과정에 능동적으로 응용해보고, 팀 구성원이 장시간 동안 협력하여 실행하면서 교사의 피드백을 받을 수 있다.

인공지능은 프로젝트 학습을 지원하는 데도 유용하다. 인공지능은 프로젝트 주제별로 다양한 학생들을 서로 연결할 수 있고, 장시간에 걸친 지속적인 수업 활동을 지원할 수도 있다. 인공지능을 활용한 프로젝트 학습은 다양한 장점이 있다.

첫째, 인공지능은 통합교육을 수행하는 데 도움이 된다. 학생들은 특정 과목이나 분야에서 사용되는 지식만 배울 때보다는 여러 분야에 걸쳐 학습했을 때 더 오래 기억할 수 있다. 따라서 학생들에게 특정 교과에서 배운 지식을 여러 분야에 연결시키고 '통합'할 기회를 제공해야 한다. 프로젝트 학습은 통합교육을 위해 자주 사용되는데, 교사들이 특정 지식과 관련된 분야를 모두 소개하는데 한계가 있어 수업 운영에 어려움이 있었다. 또한 프로젝트 수업을 진행하면서 교사들이 예상하지 못한 영역의 지식을 소개해야 할 경우도 생겼다. 이때 인공지능은 특정 지식과 관련된 분야를 광범위하게 연결시킬 수 있고, 학생의 적성에 맞게 최적의 지식을 찾아줄 수 있다.

둘째, 인공지능은 학생을 진단하고 적절히 학습 과정에 개입할 수 있다. 프로젝트 학습에 참여한 학생들은 자신의 관심에 따라 탐구하면서 여러 가지 실수를 경험한다. 학습은 실수와 도전, 호기심을 통해 더욱 활발하게 이루어진다. 하지만 실수와 실패 속에서 좌절하지 않고 도전을 계속 이어가기 위해서는 교사의 적절한 개입이 필요하다. 이때 인공지능은 프로젝트 학습을 진행하는 도중에 반복적인 실수를 하거나 좌절에 빠진 학생들을 찾아내 교사에게 알려줄 수 있다. 또한 인공지능은 학생들이 좌절하지 않는 범위 내에서 스스로 문제를 해결할 때까지 기다려준다. 인공지능은 적절한 수준의 개입으로 학생들이 좌절 상태인지, 아니면 회복해서 다시 도전하고 있는 상태인지를 진단한다. 즉 학생들이 프로젝트 수업 과정에서 충분한 시간 동안 실험하고 탐구하며 반성할 수 있도록 지원한다.

셋째, 인공지능은 실제 사례를 구체적으로 제공한다. 물론 인공지능이 아니어도 웹 검색만으로 원하는 지식을 쉽게 찾을 수 있다. 그러나 지식 자체보다는 지식이 어떻게 활용될 수 있는지에 대한 구체적인 사례가 제공된다면, 프로젝트 과제에 적용해보고 문제를 해결하는 데 도움이 된다. 예컨대 인공지능은 특정 제품을 만들 때 필요한 개념과 원리뿐만 아니라, 그 제품이 어떻게 생산되고 어떤 분야에 활용되는지 구체적인 사례를 제시해주어 학생들의 이해를 돕는다.

넷째, 인공지능은 다양한 시각을 제공한다. 인공지능 챗봇은 프로젝트 학습에서 사회적, 경제적, 문화적, 지역적으로 떨어져 있는 사람의 역할을 대신할 수 있다. 과제를 해결하는 과정에서 다양한 시각은 다양한 해결 방법을 도출하도록 돕는다.

여러 지역의 학생들은 프로젝트 학습에서 도출된 방안에 대한 장단점과 문제점, 개선 방안을 서로 논의하면서 최적의 해결 방안을 찾을 수 있다. 또한 구성원 수가 적다면 다양한 시각을 접하는 데 한계가 있을 수밖에 없는데, 이런 경우 인공지능은 구성원 수를 원하는 만큼 늘릴 수 있다. 이처럼 프로젝트 학습에서 인공지능은 학생들이 갖춰야 할 지식의 눈을 한 단계 넓히는 기회를 제공한다.

프로젝트 학습은 문제에 대한 해결책을 구하기까지 학생들의 지속적이고 능동적인 활동이 필요하다. 학생들은 스스로 문제를 해결해가는 과정에서 서로 논의하고, 결과를 평가하며 보다 나은 해결책을 만들어간다. 프로젝트 학습 과정에서 인공지능은 학생들을 모니터링하여 구성원들이 협력하고 과제를 잘 수행하도록 지원한다.

시공간을 뛰어넘어 사람과 사람 사이를 연결하다

교류 학습은 다른 환경이나 문화적 특성을 가진 학교의 학생끼리 직접 만나서 수행하는 학습 활동이다. 보통 상대 학교에

가서 수업을 진행하는데, 도시와 농촌 간 교류 학습의 경우 학교 간에 거리가 멀어 물리적인 어려움이 따른다. 특히 섬 지역에 있는 학교는 교통이 불편하여 상대 학교로 이동할 때 많은 시간과 비용이 든다. 두 학교의 학생이 만나더라도 어느 학교 교사가 주도하여 수업을 이끌 것인가에 대한 문제가 발생한다.

교류 학습의 한계를 극복하기 위해 최근에는 ICT를 활용한 연결 학습이 추진되고 있다. 연결 학습은 교사와 학생 또는 학생과 학생이 물리적으로 떨어져 있더라도 인공지능과 같은 첨단기술을 활용하여 수업할 때 다양한 상호작용이 가능하다.

학생과 교사의 인간적 연결을 돕는 인공지능

일반적이고 반복되는 질문은 인공지능 챗봇이 인공지능을 활용한 연결 학습에서 교사 대신 응답할 수 있기에, 교사는 이런 공통적인 질문에 대한 응답 시간을 줄일 수 있다. 교사는 그 시간에 인공지능이 분석한 데이터를 중심으로 학생들과 좀 더 친밀한 대화를 나눌 수 있다. 인공지능이 오히려 교사와 학생 간의 정서적 교감을 높인다.

연결 학습에서 인공지능은 보조 교사로 참여하여 교사와 팀티칭이 가능하다. 학습 도중에 인공지능은 현재 수업 상태를 파악하여 학생들이 개별화된 질문을 던지거나, 인공지능이 답변할 수 있는 질문을 하면 일차적으로 응답해준다. 또한 인공지능은 학생들에게 개인별 맞춤화된 자료를 제공하고, 간단한 과제나 평가를 실시간으로 처리할 수 있다. 교사는 확보된 시간에 강의에 집중하거나, 개인별로 분석된 결과를 보고 학생들과 심층적인 대화를 나누게 된다.

교사는 전체적인 수업을 진행하면서도 인공지능의 적절한 개입으로 학생들과 더욱 개별화된 상호작용을 하며 친밀한 관계를 유지할 수 있다. 인공지능은 수업에 어려움을 겪고 있는 학생들을 신속하게 식별하고, 학생들을 적절한 관리 그룹에 배정하여 교사에게 알려줄 수 있다. 교사는 이런 정보를 활용하여 학생들이 필요로 하는 교육 내용을 전달해줄 수 있다.

이처럼 인공지능과 교사는 서로 협력하여 학생들 간의 대화를 촉진하고, 학생 반응에 신속하게 피드백을 제공하여 좀 더 정서적으로 안정된 연결 학습을 진행할 수 있다.

지리적·언어적 장벽을 뛰어넘는 인공지능

인공지능은 여러 정보시스템에서 얻은 학생들의 데이터를 활용하여 학생 개개인의 학습 계획을 관리한다. 교실 안과 밖에서 학습을 지원하는 개인화된 콘텐츠뿐 아니라 AI 조교 서비스를 제공할 수 있다. 인공지능을 활용한 연결 학습은 물리적으로 멀리 떨어진 학생들끼리 협력하도록 환경을 제공한다는 큰 장점이 있다. 하지만 학생 수가 아주 적은 소규모 학급은 협력적인 활동이 불가능한데, 인공지능은 이런 단점을 보완해준다. 인공지능은 다양한 사회와 문화적 배경을 가진 학생 역할을 대신하거나, 그들의 정보를 찾아 제공해줄 수 있다. 또 인터넷을 이용하여 학급 간 연결 학습의 기회를 제공해 소규모 학급일지라도 협력 활동을 할 수 있게 해준다. 인공지능은 서로 멀리 떨어져 있는 학생들 간에 다양한 지역 문화를 이해하는 기회를 얻게 한다.

인공지능을 활용하면 국내 지역을 넘어 국가 간 연결 학습도 가능하다. 과거에 국가 간 연결 학습을 진행하면서 가장 어려웠던 점은 언어 장벽이었다. 교사들 간에 어렵게 연결 학습이 성사되었다고 하더라도 참여하는 학생들이 상대 국가의 언어를 이해하지 못하는 경우 학습 자체가 거의 불가능했다. 그러나 인공지능을 활용하면 언어 장벽은 큰 장애가 아니다. 인공지능 기술 전문가들이 언어 간 번역 기술과 함께 텍스트를 음성으로 변환하거나, 음성을 텍스트로 변환하는 기술을 끊임없이 발전시켜 현재 동시통역 서비스도 어느 정도 가능한 수준에 도달했다. 인공지능을 활용한 통·번역 기술은 전 세계의 교실을 연결하는 촉매제 역할을 할 것이다.

대표적인 예로 유튜브는 뉴스, 세미나, 다큐멘터리, 강의 등 동영상 자료를 실시간으로 100가지 이상의 언어로 번역해 제공한다. 시청자들은 영상을 보면서 원하는 언어로 설정된 자막을 실시간으로 볼 수 있다. 번역 기술 덕분에 유튜브 영상은 전 세계인을 대상으로 광범위한 서비스가 가능하다.

또한 브레인리(Brainly)는 전 세계의 학생들이 모여 지식을 공유하고 문제를 해결하는 인공지능 기반 소셜 러닝 플랫폼이다. 2020년 현재 35개국에서 1억 명 이상의 학생과 전문가들이 브레인리에서 지식을 공유하고 있다. 브레인리는 수학, 과학, 사회, 영어 등의 학습에 어려움을 겪는 학생을 도와줄 수 있는 다른 친구를 연결시켜 주거나 직접 질문에 답변을 해준다. 학생들은 텍스트, 이미지, 음성 입력을 통해 질문하며 다른 학생이나 전문가들로부터 구체적인 답변을 얻는다.

인공지능은 전 세계에 퍼져 있는 온라인 교육 자료를 검색하여 학생과 교사에게 제공한다. 따라서 인공지능을 활용한 연결 학습이 확대되면 교사가 부족하거나 교육 환경이 열악한 국가들에게 양질의 교육 서비스를 제공할 수 있다.

가상과 현실을 넘나드는 다차원 교육 속으로

교육 분야에 에듀테크가 도입되려는 움직임이 일자, 일부 교사들은 어린 학생들에게 인공지능을 활용하여 교육하면 부작용이 따를 수 있다며 우려를 표한다. 본질적으로 교육은 인간화 과정이라서, 인공지능이 교사의 역할을 대신하는 것에 거부감을 느끼기 때문이다. 그러나 학급당 학생 수가 많아서 교사 혼자 학생들의 수준과 적성에 맞는 교육을 제공하기 어렵다면 인공지능 교육을 굳이 반대할 이유는 없을 듯하다. 인공지능이 그런 문제점을 개선해줄 수 있기 때문이다.

인공지능 교육은 교실 공간을 물리적 공간에서 가상공간으로 확대한다. 코로나19 사태로 온라인 개학이 전국적으로 시행됨에 따라 교실은 이미 물리적 공간에서 벗어나 e학습터, EBS 온라인 클래스, 구글 클래스룸, 클래스팅(Classting) 등 인터넷으로 연결된 가상공간으로 이동하기 시작했다.

네트워크와 다양한 첨단기술을 접목한 가상공간은 상상할 수 없을 정도의 몰입감과 흥미를 준다. 실제 세계와 가상 세계를 연결하는 증강현실(AR)과 가상현실(VR) 기술은 인공지능의 인식 기술과 접목되어 보다 현실감 있는 학습 경험을 제공한다. 가상공간과 현실 공간을 조화시킨 다차원 교육이 가능해진다.

인공지능 교육은 학교의 교육 방법을 점차 바꾸어 나가고 있다. 인공지능을 수업에 좀 더 효과적으로 활용하려면 인공지능이 학습하는 데 필요한 데이터가 충분히 수집되어 있어야 한다. 이를 위해서는 학교에서 학생들과 상호작용하는 방식을 변경해야 한다. 예를 들면 학교가 원하는 과목을 개설한 후 학생이 선택하는 방식이 아니라, 인공지능 시스템에 의해 분석된 결과를 토대로 학생들이 원하는 과목을 학교에서 개설해야 한다. 향후 인공지능 교육이 활성화되면 더 많은 데이터가 수집되어 교사와 학생 요구에 맞는 교육 여건이 마련될 것이다.

수업 혁신을 위해 공교육 과정에 인공지능을 더하다

인공지능 시스템은 학생들의 가치 판단을 요구하는 학습보다는 간단한 개념이나 원리, 지식을 습득하는 학습에 아주 유용하다. 인공지능이 제시한 해법을 교사가 검토하여 학생들에게 피드백으로 제공할 때 학습 효과는 더욱 커질 수 있다.

지능정보화 시대를 맞이하고 인공지능이 사회 전반에 영향을 미치고 있음에도 초·중등 교육과정에 인공지능이 포함되어 있지 않다. 그래서 학생과 학부모뿐 아니라 교사들도 인공지능의 필요성을 크게 실감하지 못하고 있다. 그렇지만 교육기관과 학회에서는 '인공지능 이해 교육, 인공지능 활용 교육, 인공지능 개발 교육' 등으로 구분된 인공지능 교육을 위한 교육과정 내용을 지속적으로 연구하고 있다.

교육부는 2020년 9월부터 인공지능을 활용한 초등수학 수업지원 시스템(똑똑 수학탐험대, www.toctocmath.kr)을 전국의 모든 초등학교에 제공하고 있다. 또한 2021년 2학기부터 고등학교에서 '인공지능 기초'와 '인공지능 수학' 과목을 선택할 수 있도록 교육과정을 일부 개정했다. 향후 인공지능 교육은 특정 교과뿐 아니라 여러 교과를 융합한 수업 활동에 적용될 전망이라 교육과정에 큰 영향을 미칠 것으로 보인다.

인공지능에게 배우는 객관적 통찰력

2015년 개정 교육과정에서 '컴퓨팅 사고력' 중심의 소프트웨어(SW) 교육이 강조되었다. 그래서 초·중등 학교에서 코딩 교육 시간이 늘어나, 코딩에 대한 학생과 학부모들의 관심이 높아졌다. 그러나 코딩은 인공지능 교육의 작은 요소일 뿐이다. 미래에 인공지능이 가정이나 직장, 사회에서 큰 영향력을 끼칠 수 있음에도 현재 학생들에게 인공지능을 가르치는 학교는 거의 없다.

컴퓨팅 사고력은 컴퓨터과학자뿐 아니라 모든 사람이 보편적으로 적용할 수 있는 태도와 기술이다. 컴퓨팅 사고력은 컴퓨터과학의 기본 개념과 원리를 이해하고, 그것을 실생활에서 발생하는 문제를 해결하는 데 활용할 수 있는 능력을 의미한다. 최근 인공지능 교육의 중요성이 높아지면서 'AI 사고'를 개념화하고, 실현하기 위한 다양한 교육 방법이 논의되고 있다. 또한 기존의 컴퓨팅 사고와 접목하여 인공지능 기반의 컴퓨팅 사고력을 '인지, 학습, 적응' 3단계로 나누어 정의하고 있다.

인공지능은 SW의 일종이지만 기존의 컴퓨팅 사고력을 뛰어넘는다. 컴퓨팅 사고력의 핵심 요소는 추상화와 자동화인데, 인공지능은 기본적으로 이 개념을 포함하고 있다. 인공지능은 기본적으로 데이터를 이용하여 학습 모델을 설계하고, 실제 프로그래밍 언어로 구현하는 활동이다. 이는 컴퓨팅 사고력의 논리적이고 알고리즘적인 관점을 뛰어넘는 사고력이 요구된다. 문제 해결 과정에서 지식과 사례 중심으로 접근하며, 정형화된 데이터뿐 아니라 텍스트, 음성, 비디오와 같이 비정형화된 데이터를 활용하는 등 기존의 SW 교육 이상의 내용을 포함하고 있다.

따라서 다양한 분야에서 인공지능을 활용하도록 교육한다면 아이디어 중심의 사고력을 키우는 데 큰 도움이 된다. 문제 해결을 위해 데이터를 분석하고, 학습 모델을 만들고, 인공지능을 데이터로 훈련시키고, 테스트하고, 적용하는 과정에서 새로운 통찰력을 기를 수 있다. 다만 인공지능 입문 과정에서는 프로그래밍 기술을 가르치는 데 중점을 두기보다는 아이디어 중심의 사고력을 확장시키는 교육을 제공해야 한다.

교사의 전문성을 이끌어내는 도우미로서의 인공지능

현재 에듀테크의 목표는 학습자의 요구에 맞게 콘텐츠를 개인화하고 적응시키는 것이다. 인공지능 교육도 에듀테크의 한 부분이므로 학생들의 요구와 수준을 고려하는 학습자 중심의 교육, 수요자 중심의 맞춤 교육을 지향한다. 하지만 이런 방식은 자칫 학생들의 요구를 우선시함으로써 비교육적인 방향으로 흘러갈 수 있다.

학생들의 수준을 고려한 교육용 콘텐츠가 아직 충분하지 않고 콘텐츠의 품질이 보장되지 않은 상황에서, 인공지능으로 제공되는 교육 내용의 품질이 늘 우수할 것이라고 생각해서는 안 된다. 인공지능은 기존에 있는 정보를 토대로 학생들에게 자료를 전송한다. 즉 인공지능의 기능이 아무리 뛰어나더라도 제공되는 콘텐츠의 질이 확보되지 않으면 인공지능 교육의 질도 저하된다. 따라서 인공지능이 추천한 콘텐츠를 학생들에게 즉시 전달하기보다는 교사의 검토를 거치는 과정이 필요하다.

인공지능 교육에서 가장 큰 문제는 학생들의 요구가 적절하지 않을 수도 있다. 일부 학생들은 교육적인 필요보다는 학습의 편리함을 따르는 경우가 있다. 예를 들어 자신의 수준과 적성을 고려한 과목보다는 과제가 적은 과목, 좋아하는 교사가 가르치는 과목, 친구가 들었던 과목 등을 선택하기도 한다. 무엇보다 학생들은 자신의 수준과 적성을 찾아가는 단계이므로 자신에게 필요한 것을 잘 알지 못한다. 이러한 상황에서 인공지능이 학생의 요구만 좇아 과목을 선택하면 자칫 학생들을 잘못된 학습 경로로 안내할 수 있다. 인공지능은 학습 데이터가 적거나 정보가 편향되어 있으면 올바른 판단을 하기가 어렵다. 데이터 기반의 인공지능이 도출하는 결론의 질은 얼마나 많은 양의 데이터로, 어떤 품질의 데이터로 학습을 시켰는지에 의해 결정된다.

따라서 학생의 요구와 인공지능의 추천 간에 조화를 이루도록 교사가 검토하는 과정이 필요하다. 인공지능이 분석한 학생 데이터와 학생의 요구, 교사가 평상시에 관찰하여 작성한 학생 자료 등을 종합하여 학생들에게 자료를 제공해야 한다. 교육의 질과 학생 요구를 고려하여 조화롭게 교육과정을 편성하는 것은 여전히 교사의 중요한 책무이다.

학생의 다양성에 기여하는 인공지능

성공적으로 지능정보화 시대에 적응하며 사회·경제적 변화를 주도하는 인재를 육성하려면 교육과정을 다양하게 운영해서 학생들의 창의성을 길러야 한다. 우리나라 초·중등 학교의 교육과정은 국가 수준의 공통성과 지역, 학교, 개인 수준의 다양성을 동시에 추구하는 과정을 명시하고 있다. 또한 학습자의 자율성과 창의성을 키우기 위한 학생 중심의 교육과정을 강조한다. 이를 바탕으로 각급 학교별 교육과정에서는 다양성을 실현하기 위한 구체적인 목표를 제시하고 있다.

하지만 실효성 있는 방안이 마련되지 못해 변화에 걸맞은 교육과정을 적용하는 데 어려움을 겪고 있다. 예를 들어 고등학교 선택 교육과정은 학생들이 자기 주도적으로 학습 능력을 높일 수 있도록 과목 선택의 기회를 보장하고 학생의 개인별 특성을 존중하기 위한 제도이다. 그러나 실제적으로는 많은 학생의 과목 선택권이 보장받지 못하고 있다. 교육과정이 개정되어 선택의 폭은 확대되었지만, 그에 필요한 교원 수급과 시설 확충이 이루어지지 않았다. 그렇다 보니 선택할 수 있는 과목도 대부분 3~4과목에 한정되고, 학생의 희망보다는 학교의 조건을 우선으로 고려하여 선택과목을 개설하는 실정이다.

문제를 해결하기 위해 교육부는 고교 특성화 사업, 자율학교 운영, 자유학기제 및 자유학년제 운영, 학교 간 공동 교육과정 운영, 고교학점제 운영 등 다양한 정책을 펼치고 있다. 그러나 이 같은 정책은 거시적인 수준인 교육청이나 학교 단위에서 추진되고 있어서, 교사 개인이 교실 안에서 학생들 요구에 맞는 교육과정을 운영하는 데는 큰 영향을 미치지 못하고 있다.

그래서 실효성 있는 다양화 정책을 추진하기 위한 한 가지 방법으로 인공지능을 활용한 미래형 교과서를 개발할 계획이다. 교육부는 교육과정 다양화에 따른 서책 교과서의 한계를 극복하고, 학생들에게 다양한 학습 자료를 제공하기 위해 2007년에 '디지털교과서 상용화 정책'을 발표한 후 디지털교과서 개발 사업을 추진하고 있다. 디지털교과서는 관련 규정에 따라 편찬된 정규 교과서로, 기존 서책 교과서 내용에 용어사전과 멀티미디어 자료, 평가 문제, 보충 학습 내용 등 다양한 학습 자료를 수록하여 학생이 스스로 공부하는 데 도움을 준다. 디지털교과서에는 다양한 학습 방법과 정보, 멀티미디어 자료가 제공되기에 학생들의 능력뿐 아니라 지역 간의 격차를 고려하여 다양한 수준의 교과 내용을 제시할 수 있다.

만약 이런 디지털교과서에 학습 분석이 가능한 인공지능 기능이 탑재된다면, 교사는 손쉽게 학생들의 현황을 분석하고 수업을 개별적으로 제공할 수 있다. 디지털교과서는 학생들이 어떤 내용을 얼마큼 보았는지 실시간으로 확인할 수 있을 뿐만 아니라, 디지털교과서에 수록된 퀴즈나 평가 문항을 통해 실시간으로 학생들의 성취도도 파악할 수 있다.

인공지능 기반의 미래형 교과서는 학생들의 학습 데이터를 수집할 수 있는 디지털화된 교육 플랫폼으로서, 학생 개인별로 목표를 세워 학습할 수 있도록 지원한다. 또한 학생 개인의 목표가 함께 추구해야 하는 공동의 목표에 부합하는지, 개인의 목표를 달성하기에 어려운 환경은 없는지를 파악하여 수업 자료를 세분화하여 제공할 수 있다.

교사의 조력자로 함께 평가하는 인공지능

인공지능이 가장 크게 기여할 수 있는 부분은 '교육 평가'다. 통상 교사들이 중요하게 생각하면서도 지루해하는 업무 중의 하나가 학생 평가이다. 학생들의 과제나 시험을 채점하는 것은 반복적이면서도 까다롭고 많은 시간이 소요되기 때문이다. 학생들의 성적에 따라 대학이 결정되고, 대학에 따라 취업의 길이 달라지는 우리나라 교육 현실에서 학생들의 성적을 올바르게 산출하는 데 필요한 각종 평가는 교사에게 중요하면서도 부담을 갖게 한다.

인공지능 기술이 학생 평가에 접목되면 교사의 반복적인 업무를 크게 줄여 좀 더 충실한 평가를 수행할 수 있다. 학생에 대한 편견이나 주관적인 개입 없이 인공지능에 의해 기록된 데이터를 근거로 수시로 평가할 수 있어서 공정한 평가에도 도움이 된다. 이렇게 산출된 평가는 학생들이 자신의 수준과 적성을 더욱 잘 이해하는 방향으로 이어져 진로를 결정하는 데 도움이 된다. 이는 공교육에 대한 신뢰를 높이는 데도 긍정적인 영향을 미치는 계기가 될 수 있다.

그러나 학생들의 발달은 겉으로 드러난 양적 데이터만으로 평가하기는 어렵다. 학생의 학습 과정과 다양한 측면을 고려한 교사의 주관적인 판단도 필요하다. 또한 평가 결과는 학생의 학업 성취도 확인 외에도, 교육과정이나 수업 방식을 개선하는 데 활용할 수 있어서 인공지능 평가를 그대로 활용하기보다는 교사가 적절하게 개입하는 것이 중요하다.

학교는 학생에게 평가 결과에 대한 적절한 정보를 제공하고, 추후 지도를 함으로써 학생이 자신의 학습을 지속적으로 돌아보고 개선할 수 있도록 도와야 한다. 인공지능이 탑재된 교육 플랫폼을 활용하면 학생은 교사로부터 필요한 지원을 받을 수 있고, 교사는 특정 주제에 어려움을 겪는 학생을 더 쉽게 파악할 수 있다. 인공지능은 개별 과정에 대한 조언을 할 뿐만 아니라 학생들의 미래를 설계하는 데 도움을 준다. 학생들이 어려움을 겪는 분야나 잘 해내는 분야에 따라 과목 및 진로를 선택할 수 있게 돕는다.

흥미로운 예로 미시간대학교에서는 게임을 활용한 그레이드크래프트(GradeCraft)를 운영하고 있다. 그레이드크래프트는 웹 기반 플랫폼으로 게임처럼 학습 경로를 생성하고, 경로에 따라 학습 콘텐츠를 볼 수 있게 설계된 학습 관리 시스템이다. 이 플랫폼은 학생들이 의미 있는 학습 경로를 선택하고, 도전 과제를 수행하도록 돕는다. 적절한 답을 제시하지 못한 학생에게는 부족한 부분에 대한 피드백도 전달한다.

지금까지의 교육 평가는 수업이 모두 끝난 후에 교사가 학생들의 학업 성취도를 확인하고, 도움이 필요한 학생들을 식별하여 지원하는 형태의 사후처리 방식이었다. 그러나 인공지능이 도입되면 학생들의 학습 경험과 성과를 수시로 분석해 실시간 모니터링을 할 수 있다. 수업 전, 수업 중, 수업 후 어떤 단계에서도 도움이 필요한 학생을 찾아내 학생들의 요구에 맞는 개인화, 개별화된 교육을 제공할 수 있다.

서술형 평가나 과제 평가도 이젠 인공지능으로

교육의 끝이자 시작은 평가라고 해도 과언이 아니다. 학생들이 무엇을 얼마큼 알고 있고, 무엇을 할 수 있는지를 이해한다면 다음 수업을 준비하는 데 큰 도움이 되기 때문이다. 지금까지 교육에 활용된 자동화 기술들은 교사의 평가 업무를 지원하고, 학생들의 수업을 피드백하는 데 필요한 기초 자료를 제공하는 수준이었다. 인공지능은 다음과 같이 기존의 자동화 기술에서 한 걸음 더 나아가 평가와 피드백 업무를 더욱 뛰어나게 지원할 것이다.

인공지능 기술은 객관식 평가의 출제와 채점에 필요한 시간을 획기적으로 줄일 수 있다. 컴퓨터를 활용한 객관식 채점은 이미 오래전부터 존재했고, 특히 위계가 분명한 수학 교육에서 뛰어난 성능을 나타냈다. 이러한 채점 기술을 인공지능과 결합하면 교사가 객관식 평가지를 만들고, 채점하고, 피드백하는 데 걸리는 시간을 대폭 줄일 수 있다. 현재 객관식이나 단답형 평가에서 인공지능을 활용한 자동 채점 기술은 매우 뛰어난 수준에 이르렀다.

인공지능은 자연어 처리 기술을 활용하여 서술형 평가 시간도 줄일 수 있다. 현재 학생의 창의적인 능력을 평가하기 위해 객관식 평가뿐 아니라 서술형 평가가 점차 늘어나고 있다. 최근 인공지능의 텍스트 인식, 음성인식 기술을 활용한 자연어 처리 기술도 크게 발달했다. 인공지능을 활용한 자연어 처리 기술이 평가에 접목되면서 긴 문장의 서술형 답변을 분석하여 채점할 수 있게 되었다. 또 채점 결과에 따라 피드백을 자동으로 생성하는 시스템도 개발되고 있어서 서술형 평가에 따른 교사의 업무시간을 크게 줄일 것으로 보인다.

인공지능 기술은 과제를 평가하는 시간을 줄일 수 있다. 교육 과정에서 수행평가 영역이 강화됨에 따라 교사는 수시로 학생에게 과제를 제시하고 평가해야 한다. 인공지능은 과제 평가 업무도 신속하게 처리할 수 있으며, 처리된 결과를 학생들 간의 학습 격차를 줄이기 위한 목적으로 다양하게 활용할 수 있다.

인공지능과 함께 질 높은 맞춤 피드백을 설계하다

평가의 또 다른 목적은 교수 학습의 질 개선이다. 평가 결과에 따른 피드백을 받은 학생은 학습 내용과 방법을 개선하고, 교사는 수업 내용과 교수법을 개선하여 교육의 질을 높인다.

현재 많은 교육기관에서 평가 자동화 시스템을 도입하여 학생들에게 즉각적인 피드백을 제공하고 있다. 그러나 즉각적인 피드백은 학생의 장기적인 성과를 고려할 때 잘못된 학습 결과를 초래할 수도 있어서 유의할 필요가 있다. 즉각적인 피드백이 학생의 이해력을 높이고 지식을 다량 습득하게 하는 것처럼 보이지만, 단기적인 암기나 낮은 수준의 이해에 그치게 할 수도 있다. 이때 피드백을 적절히 지연시키면 단기적으로는 학생의 실수가 늘고 학습 성과가 떨어진 것처럼 보이겠지만, 장기적으로는 학생이 문제를 스스로 끝까지 해결함으로써 더 큰 성취감을 느끼게 할 수 있다.

피드백의 주기를 조절하는 방식은 학생이 보다 능동적이고 폭넓은 학습을 하게 한다. 이 과정에서 학생은 질문에 대한 답을 찾기 위해 스스로 다양한 자료를 찾아 학습한다. 그런데 학생이 모르는 질문에 대한 답을 즉시 제공해주면, 학생은 깊은 생각 없이 교사의 문제 해결 절차를 그대로 따라간다. 즉각적인 피드백은 내비게이션을 따라 운전하는 것과 같다. 낯선 길도 내비게이션을 사용하면 쉽게 목적지에 도달할 수 있다. 그러나 같은 목적지여도 내비게이션 없이 그 길을 다시 가려고 하면 목적지에 도달하기 어렵다. 내비게이션은 운전할 때마다 방향을 즉각적으로 알려주기 때문에, 운전자는 매 순간 어디로 가야 할지를 생각하지 않게 된다. 생각하지 않는 학습은 일시적으로는 목표에 도달한 것처럼 보일 수 있지만, 장기적으로는 그 내용을 스스로 기억하기 힘들게 만든다.

피드백을 적절히 지연하면 학생은 여러 가지 실수를 경험한다. 그러나 그 실수를 해결하기 위해 지금까지 습득한 지식을 더 활발하게 활용할 수 있다. 학생이 스스로 오류를 찾아내고, 해결하려는 시도가 더 생산적인 활동이 될 수 있다.

한편 과제에 대한 사전 지식이 없고, 실수가 잦은 학생에게 지연된 피드백을 적용하면 오히려 역효과를 초래한다. 학생이 잦은 실수를 자책하고 절망하여 문제 해결을 포기한다면 더 이상 학습은 일어나지 않는다.

따라서 교수 설계를 할 때는 피드백을 '지연시키는 것'과 '즉각적으로 제시하는 것' 중에서 어떤 것이 학생에게 더 효과적인지를 판단해야 한다. 인공지능으로 즉각적이고 빈번한 피드백을 주었다고 해서 학생의 성과가 빠르게 향상되고 있다고 착각해서는 안 된다. 인공지능을 활용한 피드백은 학생들의 사전 지식과 학습 경험, 난이도, 학습 결과, 학습 시간, 피드백에 대한 처리 능력 등을 고려하여 적절한 주기와 횟수를 결정해야 한다.

교사가 인공지능과 협력한다면 학생 개개인에게 맞는 질 높은 피드백을 제공할 수 있다. 인공지능이 탑재된 교육 플랫폼을 사용하여 학생의 사전 지식과 학습 경험을 모니터링하고, 그에 맞는 피드백을 제공할 수 있다. 인공지능은 학생의 과거 데이터를 바탕으로 학생에게 간단한 지식이나 기능을 습득하기 위한 피드백을 제공하고, 교사는 학생의 심리적, 정서적 상태에 따른 내면적 변화를 요구하는 피드백을 제공하게 된다. 물론 이런 상황에서도 인공지능은 학생의 내면적 변화를 확인하는 다양한 데이터를 제공하여, 교사가 피드백할 내용과 횟수를 결정하도록 지원한다.

장기적인 데이터 분석부터 시각화까지 인공지능이 척척

학교는 학생의 인지적 능력과 정의적 능력에 대한 평가가 균형 있게 이루어지도록 해야 한다. 여기서 '정의적 능력'이란 학생들이 가치관, 태도, 책임, 협력, 공감 능력 등을 함양하는 것을 말한다. 인간과 기계가 함께 일하는 삶에 익숙해져야 하는 미래 시대에는 인간에게 기계가 인간을 대체할 수도, 능가할 수도 없는 역량이 중요시되기에 창의성과 인성이 더욱 강조된다. 앞으로 공교육 과정에서도 학생들의 창의성이나 인성 전반을 살피는 교육이 중요시될 것이다.

이를테면 동일한 평가 문항을 모두에게 제시하여 서열화하기보다는 개인별 맞춤학습에 따른 수준별 평가, 맥락적인 평가, 사고력 중심의 평가, 과정 중심의 평가가 이루어질 전망이다. 단순한 지식이나 기능을 평가하기보다는 실생활 문제에 적용할 수 있는 잠재적 역량을 장기적인 관점에서 교육하고 평가하게 된다. 이런 과정에서 인공지능은 다음과 같이 학생들의 장기적인 변화를 측정하고, 결과를 시각화하여 학생을 이해하는 데 도움을 준다.

첫째, 인공지능은 학생들의 실제적인 성장과 변화를 측정할 수 있다. 학생들의 성장은 1학기 또는 1년으로 평가하기 어려워서 장기적인 측정이 요구된다. 현재의 학교 체제는 학년 단위로 이루어져 있어서 학생들의 이전 학습 현황을 파악하려면 학교생활기록부와 같이 공식적으로 기록된 정보를 이용해야 한다. 하지만 학교생활기록부는 결과를 중심으로 서술하다 보니 학생을 정확하게 이해하기가 어려워 매번 진단 평가를 시행해야 한다.

이런 측정에 인공지능을 활용하면 학생들의 과거 학습 이력을 한눈에 볼 수 있어 장기적인 성장과 변화를 확인할 수 있다. 인공지능은 학생을 관찰하고 평가한 데이터를 특정 시기에 집중적으로 수집하는 것이 아니라 수시로 수집한다. 따라서 평가 데이터가 부분적으로 잘못되더라도 다른 시기의 데이터와 비교 분석함으로써 평가 오류를 줄일 수 있다.

둘째, 인공지능은 평가 결과를 시각화하여 효과적으로 나타낼 수 있다. 수많은 데이터가 있더라도 그것이 체계적으로 정리

되어 있지 않다면 막상 필요할 때 도움이 안 된다. 인공지능이 수업 시간마다 학생 개개인의 학습 상황을 기록하더라도, 그 데이터를 분석하여 의미 있는 결과로 보여주지 못한다면 사실상 쓸모없는 데이터다. 인간이 데이터를 한눈에 파악할 수 있도록 일목요연하게 구성하는 것은 또 다른 시간과 노력이 필요하다. 인공지능은 데이터 분석 결과를 다양한 시각화 기술을 이용하여 교사나 학생이 한눈에 파악하도록 보여줄 수 있다. 과거의 학생 자료 또는 동료 학생 자료와 비교 분석하고 각종 통계 기법을 활용하여 측정한 후, 만약 학생에게 위기가 발생할 우려가 있다고 판단되면 적절한 표시로 알려줌으로써 교사가 제때 대응할 수 있다.

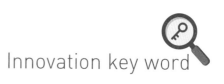

Innovation key word
교육 혁신 키워드

하이터치 하이테크

수년 전부터 이슈화되고 있는 4차 산업혁명은 인공지능(AI), 사물인터넷(IoT), 소프트웨어, 빅데이터, 클라우드 5가지 핵심 기술을 기반으로 한 '하이테크(High Tech)'를 지향한다.

사물인터넷은 인간의 감각기관 같이 사물에 내장된 센서와 통신 기능으로 데이터를 수집한다. 그리고 이 데이터를 빅데이터 기술로 분석하고, 분석된 데이터는 인공지능에 의해 의미가 부여되어 정보로 발전된다. 그것들은 또다시 클라우드를 통해 전달되고 공유됨으로써 또 다른 자료로 활용된다. 소프트웨어가 기술을 서로 긴밀하게 연결하므로, 4차 산업혁명 시대에 살아가는 우리는 소프트웨어를 기반으로 한 하이테크를 갖추지 않으면 경쟁력이 떨어질 수밖에 없다.

그러나 4차 산업혁명과 같은 기술 중심의 시대는 오히려 인간에 대한 이해가 필요하고, 기술을 통해 우리를 발견하게 될 것이다. 기술과 인간 생활에 대한 균형 감각이 필요하다. 기술이 고도화되는 만큼 인성도 더욱 발전해야 한다는 것이 '하이터치(high touch)'다.

하이터치는 미국의 미래학자 존 나이스비트(John Naisbitt)가 그의 저서 《메가트렌드(Megatrends)》에서 제시한 개념이다. 그는 "하이테크 기술은 인간을 건강하고 창의적이며 열정적으로 유지할 하이터치와 조화를 이루어야 한다"라고 강조했다. 고도의 첨단기술이 도입될수록 인간과 인간 사이의 마음을 연결할 필요가 있고, 인간의 감성과 역량이 더욱 발달해야 한다는 뜻이다. 따라서 학교 현장에 하이테크가 적용될 때는 개별화된 학습 과정에서 인간적인 상호작용을 중시하는 하이터치 개념을 도입해야 한다.

기술에 감성을 입히는 하이터치 시대

하이테크와 하이터치가 4차 산업혁명 시대에 살아갈 학생들에게 핵심 역량임은 틀림없다. 그렇지만 하이테크를 위한 하이터치가 아니라, 학생들의 공감과 소통을 끌어내는 하이터치를 기반으로 한 하이테크 교육이 필요하다.

교육심리학 분야의 석학 벤저민 블룸(Benjamin Bloom)의 학습 이론에 따르면 인간의 학습은 단순히 암기하고 이해하는 데 그치는 것이 아니라, 이해한 것을 적용하고 분석하며 평가하고 더 나아가 새로운 것을 창조하는 역량까지 키워야 한다. 이 이론은 교육학자에서부터 정책 담당자에 이르기까지 폭넓게 받아들여지고 있지만, 실제 교실에서 이 이론에 따라 수업하기는 쉽지 않다. 교실 대부분 똑같은 지식을 암기하고 이해하는 학습인 피라미드의 하단부에 머무르고 있다. 이해한 지식을 적용, 분석, 평가, 창조하는 학습인 피라미드의 상단 부분에는 올라가지 못하고 있다. 학생들은 모두 다른 소질과 잠재력을 가지고 있다. 한 교실에 있는 학생들의 지식 수준도 다르며, 지식을 습득하는 속도도 다르다. 교사는 학생들에게 교육과정에서 제시된 내용을 기억하게 하고 이해시키기만도 어렵다.

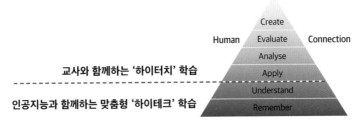

인공지능 교육: 하이터치 하이테크 피라미드

그러나 인공지능이 핵심 기술인 4차 산업혁명 시대에는 교실 수업이 반드시 극복되어야 한다. 암기하고 이해하는 것은 인공지능이 제일 잘하는 일이다. 이제는 교실에서 모든 학생이 피라미드의 정점에 도달하는 교육이 이루어져야 한다. 과연 그것이 가능할까? 인공지능의 기술적 장점을 잘 활용하면 길이 열린다. 앞으로 암기하고 이해하는 영역은 학생 개개인에 맞춰 효과적으로 지원할 수 있는 AI 개인교사와의 '하이테크' 학습으로 교육하면 된다. 그리고 교사는 인간적인 연결을 강화하여 학생들의 적용, 분석, 평가, 창조 역량을 키우는 보다 높은 차원의 학습에 집중해야 한다. 나아가 학생의 사회적, 정서적 역량을 키워주는 '하이터치' 학습이 이루어져야 한다.

이 내용을 그림으로 표현한 것이 '하이터치 하이테크 피라미드'다. 그림에서 점선은 교실에서 암기부터 창조까지 학습하는 과정에서 교사와 AI 개인교사의 역할 분담을 나타낸다. 교사와의 수업에서는 인간적 연결이 매우 중요해서 피라미드의 상단 부분 배경에 '인간적 연결(Human Connection)'을 표시했다.

인공지능과 인간 교사와의 역할 분담이 없고 교사와 학생 간의 강한 인간적 연결이 가능하지 않았던 과거에는 소수의 학생만 피라미드의 정점에 도달할 수 있었다. 그러나 앞으로 AI 개인교사를 활용하면 교사가 학생과의 인간적 연결을 강화하여 모든 학생이 암기부터 창조까지 학습할 수 있다. 그뿐만 아니라 사회적, 정서적 역량도 기를 수 있다. 이것이 바로 하이터치 하이테크의 비전이다.

하이터치와 하이테크 결합하기

하이터치와 하이테크의 결합은, 인간 교사와 AI 개인교사 간의 역할 분담을 어떻게 할 것인가라는 의미와 같다. 인공지능은 적어도 교육 분야에서만큼은 인간을 대체하거나 일자리를 없애지 않고, 교사의 역할 전환을 지원해줄 것이다. 하이테크 학습에서 AI 개인교사가 하는 일의 핵심은 학생의 다양한 수준과 니즈를 정확하게 파악하는 '진단'에서 출발한다. 최근 영어 학습을 지원하는 AI 개인교사 플랫폼을 제작한 회사는, 6분 동안 스마트폰 앱에서 평가를 거치면 학생의 현재 영어 점수가 몇 점이고, 이후 얼마큼을 공부해야 몇 점을 올릴 수 있는지를 정확하게 진단해준다고 설명한다. 또 다른 기업은 자사의 AI 개인교사 플랫폼으로 수학 문제를 10문제만 풀면 그 학생을 3년 동안 가르친 교사보다도 학생의 수학 실력을 더 정확하게 진단할 수 있다고 말한다.

이러한 진단 기능은 빅데이터를 활용한 머신러닝 기술이 발전하면서 가능해졌다. AI 개인교사가 학생을 진단한 뒤, 개별 학생의 수준과 니즈에 맞춰 학습 콘텐츠를 각자의 속도로 학습할 수 있도록 지원해준다. 그리고 AI 개인교사는 학습 상황을 수시로 진단하고 학생의 발전에 맞춰 학습 경로를 수정하면서, 모든 학생이 학습 목표에 도달할 수 있도록 최적의 경로를 찾아준다.

AI 개인교사를 도입해 개별화 교육이 실현되면 교사는 좀 더 고차원적이고 인간적인 학습을 지도할 수 있다. 하이터치 하이테크 피라미드의 하단을 AI 개인교사가 받쳐주기 때문에 상단 부분의 역할에 교사가 집중하게 된다. 최근 개발된 AI 개인교사의 주요 기능 가운데 하나는, 인공지능이 파악한 개인 학생의 학습 정보를 교사가 편리하게 활용하도록 통계 처리하여 대시보드에 실시간으로 제공하는 것이다. AI 개인교사의 지원을 받아 교사는 과거보다 수월하게 개별화 교육을 할 수 있다. 그뿐만 아니라 교사는 학생들의 다양한 역량과 문제 해결력을 키우는 프로젝트 학습과 같은 수평적 학습(또는 능동적 학습)을 시도하는 여유를 갖게 된다. 그리고 지속적으로 필요성이 증가하고 있는 학생 개개인에 대한 교사의 멘토링 시간을 확보

HIGH TOUCH

수행주체:
교사

특징:
- 소프트웨어 정보 데이터를 통한 '개별 맞춤화'된 학습 지도
- 고차원적 소프트 스킬에 집중한 '능동적 학습' 경험
- 멘토링과 사회 정서 학습

+

HIGH TECH

수행주체:
AI 개인교사

특징:
- 학생의 사전 지식, 수준, 니즈를 빅데이터 분석을 통해 파악하는 진단
- 학생이 각자의 속도로 맞춤학습을 할 수 있도록 지원
- 학생의 학습 상황과 개선 정도 등에 대해 분석하고 가공한 학습 정보를 교사에게 제공

하이터치 하이테크의 수행 주체와 특징

할 수 있다.

단 한 명의 학생도 낙오되어서는 안 된다

하이터치 하이테크는 학습에 뒤처지는 아이들을 끌어올려 준다는 중요한 장점을 가진다. AI 개인교사가 지원하는 하이테크 학습과 인간 교사의 하이터치 학습이 적절히 조합되면, 과거 교육에서는 불가능했던 낙오 학생 없는 맞춤 교육이 실현될 수 있다.

일반적으로 AI 개인교사 플랫폼이 채택하고 있는 알고리즘 방식은 다음과 같다. 4학년 교실의 수학 수업에서 많은 아이가 잘 이해하지 못하는 문제가 있다고 해보자. 이때 아이들이 해당 문제를 풀지 못하는 이유는 제각기 다를 수 있다. 어떤 아이는 2학년 때 배운 것을 이해하지 못해서, 또 다른 아이는 3학년 때 배운 것을 이해하지 못해서 그 문제를 못 풀었을 수도 있다. 그런데도 현재 교실에서는 교사들이 4학년 과정의 진도를 나갈 수밖에 없다. 고등학교 수학 수업은 더욱 심각하다. 여전히 수학 시간에 상당수의 학생이 수업에 참여하지 않고 엎드려 잔다. 학생 개개인의 이해력이 다른데 수업은 획일적으로 이루어지기 때문이다. 하지만 AI 개인교사가 도입되면 개별 학생들이 무엇을 이해하지 못하는지를 실시간으로 진단하여, 학습 자료를 제공하고 학생들이 학습하게 할 수 있다.

그러나 AI 개인교사가 개별화된 맞춤학습을 제공하여 하이테크 학습을 하더라도 여전히 문제는 남아 있다. 현재 대부분의 AI 개인교사는 PC나 태블릿 기기를 활용하여 학생들을 지도한다. 만약 어린 학생 중에서 아예 스크린에 집중하지 않거나, 집중하지 못하는 아이들이 있다면 아무리 좋은 콘텐츠가 있어도 소용없다. 따라서 교사는 학생과의 인간적 연결에 집중하여 아이들에게 학습 동기를 부여하고, 프로젝트 학습과 같은 능동적인 학습 방식으로 아이들의 흥미를 불러일으켜야 한다. 그 과정에서 지속적인 멘토링을 진행해 아이들의 사회적 역량을 길러준다면 낙오하는 학생이 생기지 않을 것이다.

교육의 패러다임은 획일화에서 다양화를 거쳐 '개별화'로 넘어가고 있다. 학생 개개인의 능력을 무시하고 획일적으로 진도를 나가는 기존 교육제도는 대다수 학생을 낙오시키는 19세기형 교육체계다. 앞으로 공교육에서 하이터치 하이테크 학습이 이루어지면 낙오하는 학생이 줄어 교육 불평등을 해소할 수 있을 것이다.

인공지능이 주도하는 4차 산업혁명 시대는 기술이 인간성을 억제하고 대체하는 시대가 아니라, 인공지능이라는 하이테크를 활용하여 모두가 인간성을 최대한 발휘하는 시대가 되어야한다. 기술을 발전시키고 기술의 방향을 정하는 것도 결국 인간이다. 인공지능 교육을 단순히 하이테크로만 접근해서는 안된다. 인공지능이 제공하는 하이테크의 무궁무진한 가능성을 활용하여, 하이터치라는 인간 고유의 영역을 얼마나 발현시킬수 있느냐가 인공지능 교육의 관건이다.

인공지능 교육은 이제 막 세계 곳곳의 학교 현장에 적용되기시작했다. 에듀테크 기업들도 연이어 새로운 비즈니스 모델을 개발하여 인공지능 기술을 활용한 다양한 교육 플랫폼과 도구들을 빠르게 시장에 내놓고 있다. 하지만 에듀테크 기업이 생산한 어떤 하이테크 상품도 하이터치를 키우기 위한 교사의 변화와 함께 가지 않으면 근본적으로 교육을 바꾸지 못한다. 따라서 학교, 지역, 국가 차원에서 하이테크와 하이터치를 결합하여 인공지능 교육을 지속적으로 활용하려는 노력이 체계적으로 이루어져야 한다.

디지털 리터러시

리터러시(literacy)의 사전적 개념은 "글을 읽고 쓸 줄 아는 능력"이다. 그렇지만 최근 교육 분야에서 포괄적으로 사용되는 리터러시 개념은, 모든 학문 영역에서 활용될 수 있는 근본적인 원리를 찾아내는 능력이다. 이 능력의 장점은 특정 학문의 관점에서 적용하는 방법을 다른 영역에도 적용할 수 있다는 것이다. 이처럼 다양한 분야에서 활용할 수 있는 일반적인 방법을 '리터러시'라고 일컫는다. 간단히 정의하면 자신이 원하는 지식과 정보를 식별하여 활용할 수 있는 능력이다.

이런 의미에서 최근 새로운 리터러시 개념들이 등장하고 있는데, 기존에 제시되었던 리터러시와 유사하지만 좀 더 새로운 영역을 강조하고 있다. 우리가 일하고 배우는 환경이 디지털화되면서 정보를 이해하는 능력이 중요시됨에 따라 전 세계뿐 아니라 국가 차원에서도 '디지털 리터러시'가 강조되고 있다.

건강한 소통을 위해 정보를 읽는 능력을 키우자

점점 더 복잡해지고 변화의 속도가 빠른 시대에는 누가 특권을 가질까? 아마도 새로운 문제 상황이 생겼을 때 유연하게 대응하는 사람이 미래에 성공할 가능성이 높다. 디지털 시대에는 위기 상황에서 효과적인 해결법을 찾기 위해 넘쳐나는 정보와 정보 사이에서 자신만의 통찰력으로 밑그림을 그려 문제를 정의해내는 능력이 중요하다. 근래에는 이런 컴퓨팅 사고력도 디지털 리터러시 개념으로 표현되고 있다.

미국도서관협회(ALA) 정보기술정책국은 디지털 리터러시를 "디지털 정보의 탐색, 이해, 평가, 제작, 그리고 소통하기 위해 정보를 이용하고 기술과 소통할 수 있는 역량"으로 정의한다.

또한 캐나다의 비영리단체 MNet은 디지털 리터러시의 개념을 다음과 같이 제시한다. 첫째는 컴퓨터, 스마트폰, 그리고 인터넷 기술처럼 여러 하드웨어 기기와 소프트웨어 애플리케이션, 디지털 미디어 등을 활용할 수 있는 능력이다. 둘째는 디지털 미디어가 제공하는 콘텐츠를 비판적으로 이해하는 능력이다. 마지막으로 디지털적인 사고를 바탕으로 디지털 기술을 창조해낼 수 있는 역량이다.

처음에 디지털 리터러시가 등장할 때의 개념은 정보를 활용하는 능력이나, 의사소통을 하기 위해 디지털 미디어를 활용하는 기술적 역량에 초점을 맞췄다. 하지만 최근 디지털 리터러시의 개념은 문제 해결력과 비판적 사고, 의사소통 능력, 태도나 관점 등을 포함하는 역량 중심으로 변화되고 있다. 당사자가 스스로 정보를 생산하고 공유하는 주체적인 역량을 좀 더 강조하는 개념이다.

우리나라의 교육인적자원부와 한국교육학술정보원은 디지털 리터러시를 "디지털 매체와 테크놀로지를 효율적으로 사용할 수 있는 기술 지식, 비판적 사고력과 함께 문제 해결 커뮤니케이션과 지식을 창출할 수 있는 능력"으로 정의하고 있다.

내용적인 지식과 더불어 활용할 수 있는 기술적, 방법적 지식의 중요성은 더욱 강조되고 있다. 지식을 다루는 도구와 기술이 계속 발전하면서, 새로운 기술을 활용하는 방법에 대한 학습이 학생들에게 요구되고 있다. 미래 사회의 직업 대부분에서는 다양한 혁신적인 기술이 통합되어 활용될 것이기에, 인간에게 요구되는 직업적 숙련도는 더욱 높아질 것이다. 따라서 학생들이 인터넷 검색이나 소셜 미디어, 애플리케이션 등과 같은 기술 도구에 익숙해지고, 나날이 새롭게 발전하는 기술을 배우는 것을 편안하게 느껴야 한다.

면 대 면 소통과 같이 직접적인 만남이 줄고 있는 추세에서 코로나19는 언컨택트 흐름을 확산시켰다. 코로나19가 종식되더라도 앞으로 이 같은 질병 사태는 또다시 발생할 가능성이 높고, 디지털 매체를 활용한 소통은 증가할 것이다. 온라인상의 소통도 오프라인 소통만큼이나 일상에서 중요한 부분을 차지할 것이다. 무엇보다 정보의 홍수 속에서 가짜 뉴스에 쉽게 현혹되지 않고 피해를 입지 않으려면 정보를 식별해내는 능력을 갖추어야만 한다. 따라서 학생들뿐만 아니라 성인들 역시 디지털 리터러시를 갖추기 위해 노력해야 한다. 디지털 리터러시를 높이는 것은 디지털 세상에서 건강하게 소통할 수 있는 역량을 기르고, 아울러 자신을 지키는 능력을 키우는 것이다.

인공지능 시대에 필요한 다양한 리터러시

21세기의 역량 교육은 학생 스스로 창의성을 발휘해 자신만의 지식과 정보를 만들어 길을 찾아가도록 한다. 디지털 리터러시는 학생이 문제 상황에 능동적으로 참여하는 데 도움을 준다. 디지털 리터러시 교육은 특정 영역을 다루는 것을 넘어 여러 학문 분야가 결합하기도 하므로 융합적인 사고가 기반이다. 디지털 리터러시 외에도 개방적이고 서로 연결된 인공지능 시대에 갖춰야 할 중요한 리터러시들은 다음과 같다.

첫째는 환경 리터러시다. 인류는 다수의 생태학적 한계에 빠르게 접근하고 있거나, 그 한계를 이미 넘었을지도 모르는 위기를 맞고 있다. 미래의 커다란 환경적 위기나 생태학적 재앙을 피하기 위해 모든 시민은 환경과학의 기초와 인류의 장기적인 지속 가능성에 관심을 가져야 한다. 환경 리터러시의 요소로는 공기, 기후, 토지, 음식, 에너지, 물 그리고 생태계와 관련된 환경에 대한 지식과 이해가 있다. 환경 리터러시는 기본적인 개념의 이해도 중요하지만, 구체적인 행동과 실천이 더욱 강조된다.

둘째는 글로벌 리터러시다. ICT 기술과 교통의 발달로 이제 지구는 국가적 차원에서 한 나라에 한정된 삶을 누리기 어려운 상호 의존성을 갖게 되었다. 따라서 미래 사회의 교육을 받는 모든 학생은 전 세계의 다양한 문화적 관점에서 각각의 과목을 배울 필요가 있다. 예를 들어 세계사에는 세계 각국의 역사가 포함되어야 하고, 수학 수업에는 서양 수학자뿐만 아니라 아랍, 인도, 중국 등지의 동양 수학자에 대한 학습도 들어가야 한다. 학생들은 문화적 편견을 비판적으로 검토하고 다른 문화의 관점을 수용할 수 있도록 학습해야 한다. 학생들은 국제적인 사회, 문화적 중요성의 맥락 안에서 개별적인 이슈를 보는 법을 배워야 한다. 그로부터 국제적인 인식과 문화적 다양성에 대한 깊은 이해를 갖춰야 한다.

　셋째는 시민 리터러시다. 모든 시스템은 사회 내에 존재한다. 법과 정책을 통해 사회와 가장 직접 상호작용하는 주된 방법을 느끼게 된다. 즉 학생들이 사회와 연결되어 있다고 느끼고, 변화의 주체가 될 수 있다고 느끼는 것이 중요하다. 학생들은 사회적 수준에서 공개적으로 논의되고 사회적 규모로 결정되어야 할 많은 문제를 경험하게 되므로, 시민으로서 활동할 수 있는 능력이 중요해진다. 따라서 학교는 학생들에게 실제 법과 정책을 이해할 수 있고, 구체적인 사회 문제에 참여하도록 이끄는 교육을 해야 한다. 미래 시대에는 사회 문제에 대한 시민의 참여가 더욱 활발하게 이루어질 것으로 예상된다. 직접 민주주의의 확대가 예상되는 상황에서 학생들이 능동적인 시민으로서 능력을 갖추고 성장할 수 있는 교육이 중요하다.

넷째는 정보 리터러시다. 인류의 정보는 기하급수적으로 증가하고 있다. 구글의 CEO 에릭 슈미트(Eric Schmidt)에 따르면, 인간이 인류 문명의 여명부터 2003년까지 만들어낸 엄청난 정보의 양을 오늘날에는 이틀에 한 번씩 만들어내고 있다. 최첨단 과학 연구 논문의 총량이 매년 7~9퍼센트씩 증가하고 있는데, 이는 10년마다 과학 지식이 두 배씩 증가하는 것이다. 이젠 인터넷과 다양한 검색 플랫폼을 통한 정보 검색이 일상화되었다. 하지만 엄청나게 많은 정보의 홍수 속에서 스스로 비판적으로 정보를 평가하고 종합하는 역량을 갖추기는 매우 어렵다. 앞으로는 필요한 정보가 무엇인지 이해하고, 다양한 방식으로 정보를 검색하고, 주도적인 기준에 의해 정보를 평가하고, 필요로 하는 정보를 종합하는 역량이 더욱 강조될 것이다.

다섯째는 시스템 사고력이다. 과학 분야도 '복잡계(complex system)' 연구로부터 도출된 아이디어가 더욱 강조되고 있다. 미래에는 20세기 사회를 지배했던 기계적 사고를 뛰어넘어 보다 균형 잡힌 시스템 사고력이 요구된다. 시스템 사고력의 기본은, 전체의 구조를 이해하고 부분적인 하위 시스템의 연결 구조를 이해하는 것이다. 즉 시스템이 균형을 유지하는 메커니즘을 이해해야 한다. 또한 시스템이 환경과 상호작용하면서 항상성을 유지하고 더욱 발전하는 시스템으로 바뀌어가는 과정을 이해하는 역량이 중요하다. 시스템 사고력을 기르기 위해서는 다양한 경험을 통해 배운 역량을 내면화해보면 큰 도움이 된다.

여섯째는 디자인 사고력이다. 우리가 직면하고 있는 인공지능 사회는 교육에서부터 농업, 에너지 산업, 제조업, 그리고 각종 경제 분야와 정부에 이르기까지 많은 사회 영역이 재설계되어야 한다. 인공지능 기술을 활용하는 과정에서 우리가 사용하는 모든 제품과 서비스가 재설계될 필요가 있다. 제품과 서비스를 넘어 미래의 다양한 삶의 과정에서 디자인 사고력이 중요시되고 있다. 삶을 재설계하기 위한 사고력을 기르는 방법은, 마찬가지로 다양한 문제를 다루면서 해결해가는 경험을 하면 된다.

일곱째는 컴퓨팅 사고력이다. 인공지능 시대를 준비하기 위해 가장 강조되고 있는 역량 중 하나가 바로 컴퓨팅 사고력이다. 이 책에서도 여러 번 설명했듯이 컴퓨터를 활용하기 위해 전문적인 논리 구조를 학습하고 특정 프로그래밍 언어 기술을 익히기보다는 컴퓨터과학과 관련된 사고 유형을 내면화하는 것이 중요하다. 우리는 컴퓨팅 사고를 통해 우리를 둘러싸고 있는 세계에서 기계화가 진행되는 과정을 인식해야 한다. 또한 컴퓨팅 사고는 기계화를 적용하는 과정에서 컴퓨터과학의 기본 개념과 원리를 자유롭게 활용하는 방향으로 나아가야 한다.

지금 왜 디지털 시민성을 교육해야 할까

우리는 대부분의 시간을 오프라인에 활용하지만, 동시에 온라인에서 인터넷으로 정보를 수집하고 소셜네트워크(SNS)를 통해 이야기를 공유하며 낯선 사람과도 소통하며 살아간다. 따라서 오프라인 중심의 시민의식만으로는 디지털 정보사회에 적응하는 데 한계가 있다. 현재의 미디어 환경과 사용자의 경험에 맞는 디지털 시민교육이 필요하다.

디지털 시민성은 시민교육뿐 아니라 학생 교육에 시사하는 바가 크다. 가상 세계는 실제 세계보다 대중적 폭발성이 강하기 때문에 이해하는 것만으로는 부족하다. 문제를 어떻게 다루어야 하는지 실천적인 의미에서 지속적으로 교육해야 한다. 디지털 매체의 역기능을 우려하여 디지털 매체를 '못 쓰게 하는' 교육이 아니라 '제대로 쓰는' 교육이 되도록 하이터치와 하이테크가 기반인 디지털 시민성 교육을 적극적으로 추진해야 한다.

최근 현실 세계를 확장하는 가상현실(VR)과, 증강현실(AR)을 활용한 실감형 콘텐츠가 디지털교과서에 투입되었다. 또한 SNS를 기반으로 한 가상 세계에서의 상호작용이 확대되는 시점에서 디지털 시민성에 대한 개념과 특징, 교육 방법 등을 연구하는 의미 있는 활동도 이루어지고 있다. 특히 인공지능이나 로봇을 새로운 공동체로 인식하고 로봇 윤리 같이 미래 세대에 필요한 새로운 윤리의식을 정립하려는 시도와, 디지털 매체를 활용하여 인간의 활동 공간을 지역촌에서 지구촌으로 확대하고 심지어 가상 세계까지 확대하려는 시도는 아주 의미 있다. 산업과 직업이 생겨나고 사라지는 것에 따른 사회 문제와 디지털 격차를 해소하려는 시도, 디지털 매체의 무분별한 확산에 따른 공공 갈등을 해소하려는 시도 등도 어려운 주제이지만 디지털 시민성 교육이라는 관점에서 체계적으로 해결하려는 노력은 아주 가치 있다. 이러한 시도들은 모두 첨단기술인 하이테크에 앞서 인간적인 연결인 하이터치를 보다 강조한다는 점에서 매우 적절하다.

다만 디지털 시민성을 초·중등 학교에서 교육할 때는 몇 가지 사항을 종합적으로 고려해야 한다.

첫째, 도덕적 상상력을 키워야 한다. 갈등학의 권위자인 존폴 레더락(John Paul Lederach)은 그의 저서 《도덕적 상상력(The Moral Imagination)》에서 도덕적 상상력을 "현실 세계에 도전을 주는 문제를 해결하기 위해 아직 존재하지 않는 해답을 상상할 수 있는 능력"이라고 정의했다. 4차 산업혁명을 주도하는 핵심 기술들은 우리의 생활을 크게 바꾸고 있고, 인공지능과 빅데이터를 기반으로 한 개별화된 서비스는 삶의 변화를 더욱더 촉진할 것이다. 우리가 가르쳐야 할 학생들은 불확실성이 높은 미래에서 살아가게 된다. 이들 학생을 가르칠 때 전통적인 시민성 교육만 강조한다면 학생들이 실제 삶의 변화에 능동적으로 대처하는 데 한계가 발생한다. 따라서 학생들이 새로운 형태의 문제 상황 속에서 도덕적 상상력을 발휘해 최선의 행동을 끌어낼 수 있도록 교육해야 한다. 문제 상황에서 어떻게 행동해야 하는지, 행동의 결과는 어떻게 나타날지를 미리 생각해보는 도덕적 상상력이 필요하다.

둘째, 디지털 항체를 형성해야 한다. 어떤 매체든 긍정적인 기능과 부정적인 기능이 함께 존재한다. 더욱이 익명성과 대중성이 특징인 디지털 매체는 역기능에 대한 문제가 끊임없이 제기되고 있다. 그렇지만 역기능을 예방하기 위해 디지털 매체를 아예 사용하지 못하도록 접근 기회를 차단하는 것은 온실에서 학생들을 키우겠다는 것과 마찬가지다. 지난 2016년 6월 국가인권위원회는 "학교 내에서의 휴대전화 사용을 금지하는 규정이 자기결정권을 과도하게 제한하고 침해의 최소성, 법익의 균형을 고려할 때 헌법 제10조 행복추구권에 바탕을 둔 일반적 행동의 자유와 제18조 통신의 자유를 침해한다"라고 판단했다. 그런데도 학교 대부분은 스마트폰 사용을 엄격히 제한하고 있다. 일부 디지털 매체는 선정성과 폭력성, 중독성 등의 부작용을 야기할 수 있지만, 대다수 디지털 매체는 참여와 공유를 통해 건전한 디지털 시민성을 향상하도록 도움을 준다. 현실 세계처럼 가상 세계에도 늘 바이러스가 존재한다. 따라서 학생들이 디지털 매체에 따른 부작용을 최소화하고, 건전한 정보에 접근할 수 있도록 디지털 항체, 즉 '비판적 사고력'을 키워주는 교육을 해야 한다.

셋째, 초·중등 교육과정에 디지털 시민성을 반영해야 한다. 디지털 세계로의 접근을 넘어 올바른 관계를 형성하고 서로를 이해하면서도 현실의 문제에 대응해나가며, 서로의 권리를 보호 및 배려하기 위한 실천적 대안을 마련해야 한다. 4차 산업혁명의 주요 기술 중 하나인 사물인터넷(IoT)이 진화해 만물인터넷(IoE, Internet of Everything)이 되고, 만물 지능화 시대로 변화하면 우리가 상상하기조차 어려운 새로운 디지털 세계가 열린다. 그러나 디지털 세계 역시 참여와 소통을 통해 서로 접근하며, 공감과 배려로서 관계를 형성해나가게 될 것이다. 그러면서 현실 문제를 비판적으로 바라보고, 문제를 해결하기 위해 행동하며 책임을 다하는 것이 건전한 시민의식의 핵심 요소이다.

2장 New Roles · 새로운 역할

우리는 어떤 사람이 되어야 할까

04
인공지능 시대 교사의
역할을 다시 묻다

학습을 설계하고 조언해주는 '학습 디자이너'

OECD 조사에 따르면(2019년), 학생과 학부모의 요구가 더욱 복잡해지고 행정 및 서류 업무의 부담이 증가함에 따라 5년간 교사 업무가 3퍼센트 증가했다. 교사들은 수업을 준비하는 것 외에도 늦은 밤까지 끝없는 행정 업무에 시달리는 것으로 나타났다. 그 결과 미국의 교사 이직률은 연간 약 16퍼센트(2017년 기준)에 달했다. 영국은 업무량 때문에 "교직을 그만두고 싶다"라고 답한 교사가 약 81퍼센트(2018년 기준)로 나타났다.

교육 분야에 신기술을 채택한 비율이 높은 캐나다, 싱가포르, 영국, 미국 4개국에서 2,000명 이상의 교사를 대상으로 실시한 설문조사에 따르면(2020년), 교사들은 학생과 직접 상호작용하는 시간(49퍼센트)보다 수업을 준비하고, 평가하고, 행정 업무를 처리하는 것(51퍼센트)에 더 많은 시간을 소비했다.

이 책 전체에 걸쳐 설명했듯이, 학교의 행정 및 평가 업무에 인공지능이 도입되면 교사들의 과중한 업무에 따른 고충과 스트레스를 줄일 수 있다. 일부 교사들은 인공지능이 교직을 대체할 수 있다며 우려를 표하고 있다. 그러나 인공지능은 교사를 대체할 수 없으며, 오히려 교사를 지원하고 더 나은 교사가 되도록 돕는다. 이미 교육 분야에 인공지능과 같은 자동화 기술을 도입한 국가는 교사의 수가 증가하고 있다. 2016년에서 2030년 사이에 미국의 교사 수는 5~24퍼센트 늘어날 것으로 추정되고, 중국이나 인도에서는 그보다 높은 비율로 증가 추세가 이어질 것으로 전망된다(OECD).

조사에 비추어볼 때 인공지능은 교사를 대체하지 않고, 교사가 업무를 보다 효율적으로 처리하도록 지원해준다. 인공지능은 한 단계 높은 차원의 교육 활동을 도와주는 보완재 역할을 할 것이다.

인공지능 시대에는 교사의 역할이 달라진다. 무엇보다 교사가 강단에서 강의하는 방식으로 지식을 전달하는 역할은 최소화된다. 간단한 지식이나 개념을 전달하는 일은 대부분 인공지능에게 맡길 수 있다. 대신에 교사는 학생 개개인의 특성과 잠재력을 파악하여 최대한 역량을 끌어올리는 코치의 역할을 하게 된다. 다만 향후에는 인공지능의 지원을 받아 학생이 주도적으로 학습하게 되면 교사의 코치 역할도 줄어들 수 있다. 따라서 교사는 코치의 역할에서 한 걸음 더 나아가 학생에게 각각 최적의 학습 환경을 설계해주는 '학습 디자이너'로 변모할 전망이다.

과거에는 교사가 학생에게 최적의 학습 환경을 설계해주기가 실질적으로 불가능했고, 이는 주로 정부의 역할이었다. 그러나 인공지능은 교사가 학습 디자이너로 바뀌는데 필요한 학생들 개개인의 방대한 데이터를 분석하여 교사에게 제공할 수 있다. 교사는 인공지능이 지원하는 맞춤학습을 검토하여 학생들 개개인에게 학습을 제공하게 된다. 동시에 교사가 학생들 개개인과 인간적인 소통을 나눔으로써 좀 더 충실한 멘토링을 해줄 수 있다. 즉 인공지능을 활용함으로써 확보된 교사의 시간은 학생의 심리적, 정서적, 감정적 변화를 관찰하여 진단하고 적절한 처방을 마련하는 교사만이 할 수 있는 일에 활용될 전망이다.

다만, 인공지능은 내면적인 변화를 간접적으로 파악하는 데 도움을 준다. 학생의 갑작스러운 성적 하락이나 결석, 과제 미제출, 댓글에 나타난 감정 변화 등을 인공지능이 파악하여 정확하지는 않지만 학생이 어딘가 문제가 있음을 알아챌 수 있다. 인공지능은 그런 학생의 변화를 교사에게 전달하여 교사가 좀 더 깊은 면담을 통해 학생의 내면적 변화를 파악하도록 지원한다.

인공지능 교육에서 교사는 원래의 역할이었던 지식의 전달자에서 '상담가'와 '조언자'로서의 역할이 커진다. 불필요한 업무 시간이 줄어들면서 학생들과 교류하는 시간이 많아지고, 학생들에게 더 적절한 목표와 피드백을 제공하여 학생들이 심화된 학습을 하도록 도울 것이다.

앞으로 학교는 인공지능 교육에서 교사의 역할이 전환되는 것을 고려해 교사 직무를 새롭게 정의하고, 인공지능과 교사를 어떻게 배치할지 정책을 마련해야 한다. 향후 인공지능과 자동화에 의해 평가가 이루어지면 데이터과학자의 역할이 증가한다. 또한 인공지능 관련 서버 및 시스템을 운영하고 관리할 인력이 필요하고, 개인 정보나 중요 데이터를 보호하기 위한 인력도 필요해진다. 학교는 이들 인력을 교내에 어떻게 배치할 것인지 방안을 마련해야 한다. 아울러 인공지능이나 데이터과학자가 내놓은 분석 결과가 교사의 의견과 어긋날 때 이를 조정할 방법도 고민해야 한다.

AI 개인교사와 인간 교사가 협업하는 미래 교실

서로 존중하고 협력을 잘하는 교사들이 동시에 한 수업에 들어가 팀티칭을 하면 교육의 질이 높아진다. 특히 학생의 수준과 능력의 차이가 클 때 더욱 그렇다. 또한 교사마다 능력이나 특성이 다르기에 서로의 장단점을 보완하여 팀티칭을 수행하면 교육의 질을 높일 수 있다. 이처럼 인간 교사와 AI 개인교사는 팀티칭을 하는 데 좋은 파트너이다. 인간 교사는 AI 개인교사를 동료 또는 보조 교사로 활용하여 팀티칭을 할 수 있다.

AI 개인교사는 간단한 개념이나 사례를 전달하는 강의와 평가를 하고, 인간 교사는 다양한 형식의 수업을 진행하며 학생과 긴밀하게 상호작용하여 멘토링 해주는 역할을 할 수 있다. AI 개인교사는 뛰어난 센서와 인식 기술을 활용하여 학생들을 관찰하고 이들의 말과 행동을 분석할 수 있다. 한편 인간 교사는 학생들과의 다양한 대화와 교감을 통해 관찰이 어려운 학생들의 내면적 변화를 분석할 수 있다.

AI 개인교사는 쉬는 시간이 필요하지 않다. 언제 어디서든 인터넷으로 연결된 수많은 자료를 찾아서 인간 교사에게 제공할 수 있다. 인공지능은 올바르게 프로그래밍이 되어 있다면 실수하지도 않는다. 혹시 인간 교사가 학생들의 성별, 인종, 사회경제적 지위, 성격, 성적 등으로 편견을 갖거나 잘못된 판단을 내릴 경우, AI 개인교사는 합리적인 데이터를 제시하여 인간 교사가 올바른 평가를 위해 한 번 더 재고하도록 도와줄 수 있다.

이처럼 인간 교사와 AI 개인교사는 서로가 잘할 수 있는 일에 몰두하고, 잘할 수 없는 일은 상대에게 맡김으로써 각자의 능력을 최대한 발휘하여 학생에게 최상의 결과를 가져다줄 수 있다. 앞으로는 인간 교사와 AI 개인교사가 팀티칭을 이루어 인간 교사의 부족한 틈새를 채움으로써 교육의 질을 향상시켜야 한다.

또한 AI 개인교사로서 인공지능은 온·오프라인 '혼합 수업 (Blended Learning)'을 지원할 수 있다. 코로나19로 인해 모든 학교에 사상 초유의 온라인 개학이 시행되었고, 교실 수업과 원격수업을 병행하는 혼합 수업을 진행하게 되었다. 지금껏 원격수업에 익숙하지 않던 교사들은 갑자기 닥친 사태에 대처하고자 실시간 쌍방향 수업, 콘텐츠 중심 수업, 과제 중심 수업 등 다양한 형태로 운영되는 원격수업을 준비하느라 많은 어려움을 겪었다. 교사의 노력에도 불구하고 원격수업에 참여하는 학생들의 학습 시간에서 차이가 발생하고, 수업의 질적 측면에서 교사 간 개인차도 나타나 학습의 교육 격차로 이어질 우려도 제기되고 있다. 게다가 등교 수업이 진행되면서 교사들은 교실 수업과 원격수업을 준비하는 것 외에, 발열 체크와 같은 코로나 방역을 위한 업무를 동시에 진행하면서 업무량이 폭발적으로 증가했다.

문제는 코로나19 사태가 종식되더라도 질병은 또다시 발생할 수 있어서 교실 수업과 원격수업을 병행하는 혼합 수업이 언제든지 다시 시작될 수 있다는 점이다. 결과적으로 교사는 교실 수업만 하던 때와 달리 더 많은 업무를 수행해야 하는 부담을 안게 되었다. 인간 교사의 부담을 줄이기 위해서라도 AI 개인교사의 도입을 적극적으로 고려해야 한다.

기존 온라인 교육 플랫폼에서 교사는 원격수업에 필요한 모든 콘텐츠를 사전에 촬영하거나 찾아서, 학생들이 잘 볼 수 있도록 서버에 업로드한 뒤 학생들에게 공지해야 했다. 그러나 인공지능을 활용할 경우 교사가 수업 계획을 세우면, 인공지능이 알아서 인터넷이나 저장소에서 관련 학습 자료와 학습지, 평가지 등의 콘텐츠를 찾아 플랫폼에 업로드하므로 교사가 해야할 업무를 크게 줄일 수 있다.

즉 인공지능이 탑재된 교육 플랫폼은 수업 내용과 학생들의 특성을 반영하여 원격수업에 필요한 최신 자료를 찾아 교사에게 제공할 수 있다. 이때 교사는 인공지능이 생성한 자료 목록과 학생들의 사전 학습 상태를 확인하고 적절한 수업 전략을 세워 보다 효율적으로 교실 수업과 원격수업을 진행할 수 있다. 또한 인공지능은 원격수업에 대한 학생들의 반응이나 진행 상황을 실시간으로 파악하여 학생 개개인에게 특화된 콘텐츠를 제공할 수 있다. 인공지능은 학습 성취도가 낮거나 사회적 관계가 매끄럽지 못한 학생들을 찾아 교사에게 알려주고, 이들을 위해 적절한 모둠을 형성하여 학습에 함께 참여하도록 지원할 수도 있다.

05
미래 시대를 열어갈 인재의 조건을 묻다

꿈을 찾는 길은 '나'를 탐색하는 것

4차 산업혁명은 이제 미래가 아닌 현실로 다가왔다. 일부에서는 인공지능과 새로운 기술의 융합으로 지능정보화 시대라고 불리는 미래에 일자리가 크게 줄어들 것으로 전망한다. 그들은 미래의 주역인 청소년들이 성인이 되면 현재 존재하는 직업의 상당 비율은 사라질 것이라고 말한다. 물론 인공지능의 눈부신 진화는 우리 삶에 큰 영향을 끼치겠지만, 한편으로는 변화하는 세상에서 다양한 가치를 창출하는 새로운 직업들이 무수히 생겨날 것이다.

성인이 되어 무엇을 할 것인지는 과거부터 지금까지 모든 청소년이 겪던 고민이다. 미래에 대한 막연한 두려움과 불안에 사로잡히기 때문이다. 사실 우리는 일어나는 모든 일을 알 수 없고, 더욱이 미래에 세상이 어떻게 바뀔지는 아무도 예측할 수 없다. 다만 성장 과정 자체가 미지의 세계를 탐험해 가는 일이듯, 앞으로 다가올 미래 역시 다양한 경험을 쌓으며 자신의 길을 개척하다 보면 꿈으로 시작한 그림이 현실이 되어 있을 것이다.

하지만 미지의 세상을 탐험할 때는 기본적으로 변화라는 불확실성을 수용하고 건강한 관계를 유지하려는 마음가짐을 가지고 있어야 한다. 그리고 나를 원하는 목적지로 이끌어줄 내 안의 나침반이 어디로 향하는지 스스로 질문하며 탐색해보아야 한다. 청소년들이 인생을 설계하기 위한 나만의 지도를 만들어가는 과정에 몇 가지 조언을 하자면 다음과 같다.

첫째로 나는 무엇을 좋아하는지, 어떤 사람인지를 이해해야 한다. 무엇을 할 때 즐거운지, 무엇에 관심이 있는지, 무엇을 잘하는지, 무엇을 싫어하고 또 참을 수 없는지까지도 생각하며 자신을 알아가야 한다. 그래야 진로를 선택할 때 자신이 원하는 직업을 좀 더 명확하게 찾을 수 있다. 많은 학생이 왜 그 일을 하고 싶은지 알지도 못한 채 장래의 직업을 결정하는 경우가 흔히 일어난다. 기존의 직업들이 사라지더라도 자신이 좋아하는 것이 명확하다면 그 일을 향해 나아갈 수 있다.

둘째로 어떤 분야의 전문가가 되고 싶다면, 기본에 충실해야 한다. 예를 들어 요즘 코딩 교육이 유행인데, 코딩하는 방법을 중점적으로 배우기보다는 그 원리를 이해하는 것이 더 중요하다. 단순히 코딩 기술을 익히기보다는 코딩의 기본이 되는 수학과 과학의 원리를 알아가는 데 충실할 필요가 있다. 아이작 뉴튼(Isaac Newton)은 "내가 만약 더 멀리 보았다면, 거인들의 어깨에 서 있었기 때문이다"라고 말했다. 여기서 거인은 수많은 세대에 걸쳐서 선배와 동료 학자들이 이룩한 지식의 기반이 된 과학 지식을 의미한다. 지식을 만드는 것은 그 분야의 지식 기반 위에 새로운 가치를 만들어내는 일이다. 한 분야의 전문가가 되기를 원한다면 기술만 좇는 것이 아니라 그 분야에서 이룩한 지식 기반을 잘 이해해야 한다.

셋째로 디지털 리터러시를 익히고, 이를 바탕으로 다양한 경험과 생각을 결합할 수 있는 창의력을 길러야 한다. 지식을 학교에서만 배우는 시대는 이미 지나갔다. 학교에서 배운 것을 기초로 새로운 지식과 정보를 꾸준히 학습해야 한다. 인터넷에는 지식과 정보가 넘쳐나지만 정보의 양에 비해 질적으로 어떤 정보가 좋은지 평가하기는 쉽지 않다. 양질의 지식과 정보를 얻는 안목을 키우려면, 다양한 분야의 지식과 정보를 통해 융복합적 사고를 할 수 있어야 한다.

넷째로 올바른 인성을 갖춰야 한다. 미래 사회의 주역이 될 청소년에게 가장 중요한 덕목은 바로 '인성'이다. 인간이 인공지능보다 우월할 수 있는 부분은 따뜻한 마음이다. 사회적, 경제적으로 양극화 문제가 제기되고 이런 현상은 점점 심해질 것이다. 이때 모든 것을 갖추고 있더라도 따뜻한 인성이 없다면 인재라고 할 수 없다. 타인과 공감하기 위해 노력하고 나보다 부족한 사람, 도움이 필요한 사람을 돌아보고 손을 잡아주는 사람이 되어야 한다.

미래는 불확실하고 모호하며 어둠만 가득한 것처럼 느껴진다. 하지만 우리는 모든 일을 알 수 없다. 일어난 일도 잘 알지 못한다. 그렇기에 자신을 끊임없이 탐색하며 스스로 길을 만들어가면 된다. 나만의 빛을 만들어가는 것이다. 다른 사람이 비춰준 빛으로만 길을 좇는 것은 장기적으로 도움이 되지 않고 위험에 빠질 수도 있다. 다른 사람을 무작정 따라가다 빛이 없어지면 곧 길을 잃게 되기 때문이다. 청소년들이 자신의 미래를 밝힐 빛과 지도를 만들어가기 바라며, 그로부터 4차 산업혁명이라는 파도를 지혜롭게 타고 넘는 모험가가 되기를 바란다.

스스로 결정하는 배움이 최고의 경쟁력

과거에는 교육의 중심이 학생이라기보다는 지식을 전달하는 교사 위주였다. 이런 공급자 중심의 일방적인 교육과정은 그동안 많은 비판을 받아왔고, 현재 학생 중심의 교육을 실현하자는 변화의 움직임이 활발히 일어나고 있다.

더욱이 오늘날 지식이 빠른 속도로 진부화하고 있기에 급격한 변화 속에서 새로운 지식이 쏟아지는 시대를 살아갈 미래 세대에게는 스스로 가능성을 열어가는 '자기 주도적'인 역량이 무엇보다 중요하다. 길어야 20대까지만 학습하고, 졸업하면 배운 것을 잊어버려도 되는 시대는 끝났다. 이제 평생 일하는 시간의 3분의 1을 학습에 할애해야 한다는 예측이 나오고 있다. 급격한 변화의 시대에는 어릴 때부터 다양한 경험 속에서 배움의 즐거움을 느낄 줄 아는 사람으로 성장해야 미래를 건강하게 만들어갈 수 있다.

따라서 4차 산업혁명 시대에 학교는 학생에게 지식을 단순히 암기하고 이해하는 것을 넘어 평생 학습자로서 스스로 원하는 것을 찾아가도록 자기 주도적 역량을 키워주어야 한다. 학생이 배움 자체를 즐기도록 돕는 것이 공교육의 역할이다. 학생들은 서로 협력하고 소통하면서 지혜를 모아 문제를 해결하는 방법을 배울 수 있어야 한다.

디지털 시대에 변화에 유연하고 책임감 있는 인재가 되기 위해 또 갖춰야 할 중요한 역량은 '디지털 시민성'이다. 유네스코(UNESCO)의 '교육 2030 어젠다'는 디지털 세계에서 시민이 번영하기 위해 정보통신기술(ICT)의 습득을 꼭 갖춰야 한다고 강조한다. 실제로 디지털 기술의 발전은 상당한 기회와 이익을 가져다주었다. 하지만 사이버 괴롭힘이나 온라인 범죄와 같은 일련의 사회 문제 또한 증가하고 있다.

디지털 시민성은 '디지털 혁명의 시대에 시민들이 더 책임감 있고 역동적으로 참여할 수 있는 역량'이다. 디지털 시민성은 미디어를 활용한 소통을 포함한다는 점에서 일반 시민성과는 차이가 있다. 학생들이 미디어 활동을 하는 디지털 세상에서 디지털 시민성의 개념을 이해하는 것은 매우 중요하다. 디지털 시민성은 언어나 수학 같은 영역의 학습뿐만 아니라 문화적 인식과 같은 다양한 역량을 함양하는 중요한 개념이다(교육 키워드의 '디지털 리터러시' 내용 중 디지털 시민성도 함께 살펴보기를 권한다). 기존 학교 교육에서도 정보통신기술을 안전하고 책임감 있게 활용해야 한다는 개념을 포함하고 있지만, 디지털 시민성을 높이기 위한 구체적인 교육과정은 아직 제대로 마련되지 않았다.

아시아·태평양 지역을 담당하는 유네스코 방콕에서는 선도적으로 이화여대 학교폭력예방연구소와 함께 'DKAP(Digital Kids Asia Pacific)' 프로젝트를 진행한 바 있다. DKAP 프로젝트는 디지털과 관련하여 다양한 국가 정책을 연구하고, 아시아·태평양 지역의 어린이와 청소년에게 정보통신기술을 안전하고 책임감 있게 이용하는 것을 촉진하기 위해 각국이 어떤 노력을 기울이고 있는지 국가적 차이를 살펴보는 것을 목표로 한다. DKAP 프로젝트에서 제시된 디지털 시민성은 5개 영역의 역량으로 구성된다.

첫째, '디지털 리터러시'는 디지털 도구를 활용하여 정보를 검색할 수 있고, 디지털 미디어나 뉴스를 비판적으로 접근하여 정보에 입각한 올바른 결정을 내릴 수 있는 능력이다. 둘째, '디지털 안전과 회복'은 디지털 공간에서 자신과 다른 사람을 위험으로부터 보호하는 방법을 이해하는 능력이다. 셋째, '디지털 참여'는 적절한 디지털 기술을 활용하여 사회와 상호작용하고 관여하며 긍정적인 영향을 미치는 능력이다. 넷째, '디지털 감성 지능'은 개인과 대인관계 수준에서 디지털 상호작용을 할 때 감정을 인식하고 탐색하며 표현하는 능력이다. 다섯째, '창의성과 혁신'은 ICT 도구를 활용하여 디지털 콘텐츠를 만들어냄으로써 자신을 표현하고 탐구하는 능력이다.

기존 학교 교육에서도 오프라인 사회에서 시민성을 함양하는 것을 매우 의미 있는 주제로 다뤄왔다. 하지만 인공지능이 불러온 진화된 디지털 사회를 고려하여 그에 필요한 시민성을 다시 한번 정의해볼 필요가 있다. 정보 관련 교과의 교육 시간을 늘리는 것만이 디지털 사회의 대비책이 되어서는 안 된다. 미래를 위한 교육 시스템을 마련하기 위해 국가 교육과정에 디지털 사회에 필요한 시민성을 중요한 역량으로 포함하고 교육

내용, 학습 활동, 평가 등 교육의 전체 영역에 시민성이 반영될
수 있게끔 전면적인 혁신이 필요하다.

06
새로운 시대
달라진 부모의 역할을 묻다

자녀를 지지하고 격려하는 부모 멘토

학부모들은 그 어느 때보다 새로운 시대를 살아갈 자녀를 어떻게 이끌어주어야 할까? 급변하는 미래에 대한 불안감도 큰데, 코로나19로 인한 온라인 수업 등으로 교육 환경이 수시로 바뀌면서 학부모들의 근심이 깊어지고 있다. 달라진 교육체제에 자녀들이 잘 적응할 수 있을지 우려되기 때문이다. 하지만 100년 동안 바뀌지 않은 공고한 기존 교육체제에 그동안 많은 학생과 학부모들이 절망해왔던 것을 생각해보면, 지금의 변화는 교육 혁신의 기회로 만드는 좋은 계기가 될 수 있다.

글로벌 컨설팅업체 맥킨지의 조사(2018년 기준)에 따르면,

2030년까지 전 세계 기업의 72퍼센트가 인공지능을 활용하고, 그로 인해 글로벌 국내총생산(GDP)이 13조 달러 추가 성장할 전망이다. 또한 2030년이 되면 많은 사람이 인공지능과 함께 일상적으로 일하는 삶에 익숙해져야 할 것으로 밝혀졌다.

일하는 방식이 크게 바뀌고 있으며, 우리의 자녀들이 인공지능과 함께 일하는 세대가 될 것이라는 점은 분명하다. 따라서 인공지능 시대에 학부모는 자녀가 인공지능 교육의 기회를 최대한 활용하도록 동기부여하고 격려하는 '멘토'가 되어주어야 한다. 모든 배움을 대학 입시에 맞춰 자녀를 경쟁으로 내몰지 말고, 자기 주도적인 평생 학습자로 성장하도록 돕는 역할을 해야 한다. 자녀가 평생 학습이라는 장기적 관점에서 배움을 즐기며 행복하게 성장하도록 관심 있게 지켜봐 주어야 한다.

부모가 자녀를 어릴 때부터 영어 단어 하나라도 더 암기하도록 가르쳐서 조금이라도 경쟁에서 앞서게 하려는 욕심은 미래 인공지능 시대에 피해야 할 금기다. 급변하는 시대에는 배움의 자세가 열려있어야 하는데, 입시 경쟁에서의 성공을 강요하는 부모의 욕심이 자녀가 학습을 지겨워하고 배우는 즐거움을 느끼지 못하게 만든다. 불행하게도 우리나라에서 자녀가 주도적인 평생 학습자가 못 되는 가장 큰 원인 중 하나는 자녀 성적에 대한 부모의 과도한 욕심과 집착이다. 핀란드의 교육 철학으로 잘 알려진 "덜 가르치고, 많이 배우게 하라(Teach less, Learn more)"는 말처럼, 부모는 아이의 학습에 덜 개입하고 부담을 주지 말아야 한다. 부모가 현재 아이에게 가하는 부담을 덜어 낼수록 더 좋은 부모가 된다.

입시 경쟁에서 자녀를 성공시키기 위해서 "엄마의 정보력, 할 아버지의 재력, 그리고 아버지의 무관심이 필수"라는 말은 우리 교육의 문제점을 적나라하게 보여주고 있다. 하지만 인공지능 교육이 학교에 도입되면 교사의 중요한 책무는 부모의 정보력과 재력이 없는 아이에게도 최적의 학습 환경을 디자인해주는 것이 된다. '아빠의 무관심이 오히려 아이의 입시 경쟁에서의 성공을 위해 필요하다'는 농담 같은 진담도 앞으로는 아빠의 멘토 역할이 중요시되면서 옛말이 될 것이다. 무엇보다 입시 제도와 사교육에 대한 부모의 정보력이 더 이상 아이의 미래를 위해 중요한 정보가 될 수 없는 새로운 교육체제로 바뀔 것이다. 대신에 인공지능이 촉발하는 근본적인 교육 변화가 어떠한 방향으로 나아갈지를 잘 이해하는 부모의 정보력이야말로 자녀에게 큰 도움이 될 것이다.

변화하는 시대 흐름을 이해하기

4차 산업혁명은 차세대 핵심 기술이 이끄는 사회·경제적 변화를 일컫지만, 결국 일자리 혁명이다. 이는 교육의 변화도 함께 불러일으키기에 학부모들은 자녀 교육에 대해 불안할 수밖에 없다. 기성세대인 학부모에게 4차 산업혁명 시대는 미래일 수 있지만, 자녀에게는 현실이기 때문이다. 4차 산업혁명은 우리에게 무엇을 요구하고 있을까? 교육 방향은 어떻게 변화되어야 할까? 4차 산업혁명의 대표 기술인 인공지능이 촉발하는 교육의 변화를 학부모의 역할 변화 차원에서 정리해보았다. 인공지능의 가능성을 최대한 활용하면서, 자녀들이 어떤 실력을 키워나가야 할지 새롭게 고민해보는 계기가 되기를 바란다.

첫째, 학부모는 AI 개인교사가 '개별화 교육'을 가능하게 한다는 것을 이해할 수 있어야 한다. 인공지능 교육이 도입되면 AI 개인교사가 학생이 모르는 부분을 진단하고, 그에 맞춰 개별화 교육을 제공할 수 있다. 글로벌교육재정위원회가 베트남

하노이에서 진행했던 ITS(지능형 개인 교습체제)를 활용한 수학 수업에 초대받았던 한국 교사는 평생 꿈꿔왔던 개별화 교육이 교실에서 실제로 이루어지는 것을 보고 충격을 받았다고 말했다. 우리나라도 이제 학생들이 학교나 가정에서 AI 개인교사를 활용할 수 있도록 관심을 가지고 적합한 환경을 만들어주어야 한다. 인터넷은 잘 연결되는지, 디지털 학습 기구는 제대로 작동하는지, AI 개인교사 플랫폼을 적절하게 활용하는지 등 아이들이 최적의 인공지능 교육을 받을 수 있도록 적극적으로 지원해야 한다.

둘째, 학부모는 이제 학교에서 요구하는 교사의 역할이 코칭, 멘토링, 학습 디자인으로 바뀐다는 것을 이해해야 한다. 학생은 교실에서 지식을 암기하고 이해하는 것을 넘어 적용하고, 분석하고, 평가하고, 창조하는 것을 배워야 한다. 그렇게 교육하려면 교사는 지식을 전달하는 강의 중심의 수업에서 탈피해야 하는데, 그동안 교사들 대부분은 수업 준비 외에 행정 업무 처리와 학생 관리 등의 부담으로 인해 다양한 학습 방식을 시도하지 못했다. 그러나 AI 개인교사가 도입되면 학생의 개별화 학습을 효과적으로 지원함으로써 교사의 부담을 줄여줄 수 있다.

이는 교사가 학생과의 인간적 연결에 좀 더 집중하게 해주는 동시에, 학생의 고차원적 학습을 지원하게 한다. AI 개인교사는 인간 교사를 대체하고 일자리를 없애는 나쁜 인공지능이 아니라, 교사의 기능을 강화하고 역할을 전환하도록 도와주는 착한 인공지능인 셈이다. 학부모는 교사의 이 같은 역할 변화를 이해하고 AI 개인교사의 활용을 긍정적으로 바라보아야 한다.

셋째, 학부모는 대학 진학을 위한 수능과 같은 고부담 시험은 인공지능 교육이 도입되면 서서히 사라진다는 점을 인식해야 한다. AI 개인교사는 하루에도 수십 번씩 빅데이터와 러닝 애널리틱스를 통해 학생 개개인의 지식 상태를 진단한다. 또한 e-포트폴리오는 어떠한 고부담 시험보다 훨씬 더 정확하고 깊이 있게 학생 개개인의 학습 이력과 지식 체계의 성장 과정을 분석한 정보를 제공할 것이다. e-포트폴리오를 활용해 학생은 자신에게 가장 적합한 대학과 직장을 선택할 수 있고, 대학과 기업 역시 가장 적합한 학생을 선발할 수 있다. 앞으로 한두 번의 시험이 인생을 바꾸고 삶을 평가하는 일은 점차 사라질 것이다. 물론 이런 예측이 반드시 실현될 것이라고 장담할 수는 없기에 대학 입시와 수능에 대한 압박감으로부터 학생과 학부모를 당장 해방시킬 수는 없다. 하지만 한층 진보된 인공지능 기술이 인간을 진단하고 평가하는 영역에 들어오면서 기존 입시 제도에 엄청난 변화를 가져올 전망이다. 그리고 학부모가 인공지능이 교육에 도입되면 고부담 시험이 점차 사라진다는 정보를 이해하는 것만으로도 변화의 시작이 될 수 있다. 적어도 우리나라에서만큼은 학부모야말로 교육 성장의 원동력이었고 앞으로도 그럴 것이기 때문이다.

마지막으로, 학부모는 인공지능 교육이 도입되면 자녀를 국내에서도 얼마든지 글로벌 인재로 키울 수 있다는 점을 알아야 한다. 인공지능 교육 플랫폼으로 우리 아이들이 세계의 아이들과 연결되어 같은 주제로 토론하고, 온라인으로 소통하며 학습할 수 있기 때문이다. 실제로 빅데이터와 머신러닝 기반의 수준별 맞춤형 학습 플랫폼을 도입해 온라인 교육을 시도하는 교육 네트워크와 학교가 늘고 있다. 우리나라에서의 온라인 교육은 원격수업 정도로 활용되는 수준이다. 하지만 보이지 않는 온라인에서 교육의 변화는 어느 때보다 빠른 속도로 이루어지고 있다. 우리는 이제 인공지능의 잠재적인 영향력을 논의하는 것에 그쳐서는 안 된다. 미래를 살아갈 자녀를 위해 취할 행동을 결정해야 한다. 미래를 만들어나갈 시기는 바로 지금이다. 행동은 기존의 낡은 교육의 틀을 깨는 것부터 시작되어야 한다.

07
미래 학교를 위한
정부의 방향을 묻다

장벽을 허무는 디지털 생태계 조성자

우리 사회는 전통적으로 교육을 백년대계라 부르며 미래를 위한 교육 투자를 매우 중요하게 여겨왔다. 그러나 디지털 시대를 맞아 교육 혁신이 요구되는 오늘날 우리가 미래를 얼마나 내다보고 있는지와 정말 우리 사회를 더 행복하게 만드는 교육 제도로 바꾸어나가고 있는지를 고민해볼 필요가 있다. 우리의 교육 정책이 미래 비전과 잘 맞는지, 얼마나 비전을 체계적으로 실천하고 있는지 치열하게 토론해보며 힘을 합쳐야 한다.

게임의 규칙이 바뀌고 또 바뀌는 세상에서 정부는 어떤 역할을 해야 할까? 우선 정부는 학교, 교과, 교사, 데이터, 기술 등의 영역에서 장벽을 만드는 요소를 없애기 위해 대대적인 규제 개혁에 나서야 한다. 정부는 이 영역들을 통제하는 규제자의 역할을 과감하게 최소화해야 한다. 그리고 이 영역들이 인공지능을 활용하여 교육을 바꾸어갈 수 있도록 변화에 힘을 실어주는 '생태계 조성자'의 역할에 집중해야 한다. 무엇보다 교육부의 관료들은 관료주의 행정 관행에서 벗어나 혁신에 앞장선 교사, 에듀테크 기업가, 기술자 등과 수평적으로 협력하고 이들이 맘껏 도전할 수 있는 기반을 만들어주어야 한다. 새로운 비전에 맞는 교육 생태계가 잘 조성되면 산업 생태계도 융성하므로 관료들은 교육 혁명을 위한 발걸음을 주저해서는 안 된다. 공공기관은 중립적인 위치에서 생태계를 주관하는 역할을 해야 한다.

4차 산업혁명은 우리가 일하고 배우고 노는 방식을 완전히 바꾸면서 국가 간에 극명한 격차를 드러낼 것이다. 지금까지 한국은 '빠른 추격자(fast follower)'의 나라였다. 그러나 4차 산업혁명은 추격자가 하던 일의 대부분을 인공지능과 빅데이터로 무장된 기계로 대체시키며 모두가 '선도자(first mover)'가 될 것을 요구한다.

따라서 학교의 교육과정은 학생에게 다른 사람이 제시한 문제를 풀게 하지 말고 동료와 협력해 새로운 질문을 찾아내어, 질문에 기계가 답하게 만드는 능력을 키우는 교육과정을 채택해야 한다. 세계 곳곳에서는 10명 이하의 종업원이라는 작은 규모에도 불구하고 전 세계의 기업과 고객을 상대하는 소규모 다국적기업이 글로벌 혁신을 선도하고 있다. 이에 발맞춰 여러 선진국의 정부기관은 전혀 관료적이지 않은 혁신 기관으로 변모하고 있다.

지금까지도 이어지고 있는 많은 사회적 고통, 즉 학생의 입시 압박, 청년의 높은 실업, 여성의 낮은 경제 참여 등은 본질적으로 우리 사회가 추격자에서 선도자 역할로 전환하지 못했기 때문에 일어났다. 심지어 많은 정치인은 여전히 낡은 이념에 사로잡혀서 서로를 공격하는데 에너지를 소진하고 많은 관료는 극심한 부처 이기주의로 국익을 훼손하고 있다. 또한 대부분의 학자는 좁은 전공 영역에 갇혀 융합 연구의 성과를 내놓지 못하고 있다. 우리나라가 어떻게 해야 추격자에서 벗어나 선도자로 나아갈 수 있을까? 과연 우리나라는 4차 산업혁명이라는 거센 파도를 잘 헤쳐나갈 수 있을까?

정부는 모든 국가적 역량을 모아 '혁신 생태계'를 조성하는 데 집중해야 한다. 혁신 생태계는 기업가, 연구자, 투자가, 공무원 등이 지속적으로 협력하여 고위험, 고가치의 연구개발 (R&D)을 바탕으로 새로운 사업 모델을 끊임없이 창출하며 진화하는 체계이다. 혁신 생태계를 만들기 위해서는 무엇보다 관치(官治)주의에서 벗어나야 한다. 과거 학계와 산업계를 통제하던 정부 중심의 관치를 철폐하고 기업과 정부출연연구원 등이 훨씬 더 높은 자율성을 가져야 한다. 선도자들 간의 협력과 경쟁을 통해 혁신을 이뤄내는 생태계를 만드는 데 집중해야 한다.

선도자로 발돋움하기 위해 가장 주력해야 할 점은 무엇일까? 첫째는 실패를 용인하는 것이다. 선도자는 수많은 실패와 시행 착오를 겪을 수밖에 없다는 점에서 추격자와 근본적으로 다르다. 만약 정부가 과거에 추격자를 지향하던 타성으로 인해 실패를 용납하지 않는 관료적인 규제와 엄격한 감사를 고집한다면 선도자의 혁신을 죽이게 된다. 둘째는 관료 조직이 부서 이기주의를 탈피해야 한다. 선도자는 새로운 것을 만들어낼 때 통상 서로 다른 분야나 전공을 융합하면서 결과물을 창출한다. 그런데 부서 간 갈등과 다른 성격, 이권 추구로 창의적인 행정을 펼치지 못하면 혁신 프로젝트를 사장시킨다. 따라서 정부는 지금보다 훨씬 더 협력적인 팀워크가 가능한 조직으로 바뀌어야 한다. 관치 행정이 혁신의 걸림돌이 되어서는 안 된다. 위로부터의 유연한 조직 문화는 결과적으로 실패를 용인해주는 사회 분위기를 만드는 데 긍정적인 영향을 미칠 것이다.

덧붙이건대 교육이 사회 변화에 발맞추어 지속해서 적절하게 변모하기 위해서는 학교 자율을 강화해야 한다. 교육 변화의 동력은 정부가 위로부터 행사하는 정책만으로는 충분하지 않다. 학교가 중심이 된 아래에서부터 나오는 자율적인 힘과 정책이 반드시 조화를 이루어야 한다.

K-에듀로 만들어나가는 미래 학교

에듀테크는 인공지능과 빅데이터를 활용하여 학습자를 분석하고 의사소통을 용이하게 함으로써 교육적인 성과를 높이는 것을 중점으로 하고 있다. 코로나19 이후 원격 교육이 전면 시행되면서 에듀테크 산업도 함께 성장하고 있다. 특히 우리나라의 원격 교육이 방역에 도움이 되었고, 세계 여러 나라에 비해 성공적인 공교육을 제공하면서 K-방역뿐 아니라 'K-에듀테크'(이하 K-에듀로 칭한다)에 대한 관심도 높아지고 있다.

인공지능 교육은 에듀테크 산업의 핵심 영역이다. 인공지능 교육을 포함한 K-에듀가 지속적으로 발전하려면 공공 정책을 포괄하는 관점에서 에듀테크를 발전시켜야 한다. 에듀테크가 발전하기 위해서는 다양한 분야의 협력이 요구되므로 기관 간의 연계가 필수적이다. 따라서 에듀테크 생태계를 만들기 위해서는 국가 차원에서 다양한 영역과 협력 관계를 이뤄야 한다.

코로나19 사태로 지역별, 학교별 확진자가 발생하면서 교실 수업과 원격수업을 병행하는 혼합 수업이 일반화되고 있다. 코로나19와 같은 바이러스가 또다시 확산되면 교실 수업은 중단될 수 있기에 앞으로는 에듀테크를 활용한 원격수업을 상시 체제로 전환해야 한다. 이제 학교 교육에서 원격수업은 선택이 아니라 필수다. 그리고 원격수업 내용은 교실 수업을 보완하는 수준을 넘어 대체할 수 있는 수준까지 올라와야 한다.

그동안 원격수업은 천재지변이나 전염병 등으로 인해 출석 수업이 어려운 학생이나, 운동선수, 소수 선택과목 이수자, 성인 학생 등만 참여할 수 있었다. 그러나 앞으로는 원격수업이 필요한 학생이라면 누구든지 참여할 수 있도록 해야 한다.

상시적인 원격수업 체제가 마련되려면 원격수업 상황을 고려하여 교육과정을 유연하게 운영해야 한다. 많은 학교에서 원격수업이 끝나면 학교에서 보강 수업을 진행했는데, 원격수업에 참여한 학생 중 일부는 등교하면 동일한 수업을 다시 들어야해서 불만을 표하기도 했다. 이처럼 교실 수업에 익숙한 학생들은 아직 원격수업에 적응하기가 쉽지 않아 보인다. 게다가 원격수업이 비상 상황에서 이루어져서 학생들이 정서적 불안과 질병으로 인한 신체적 불안까지 겪다 보니 학습이 제대로 이루어지기 어려운 실정이다. 따라서 원격수업 상황에 맞게 교육과정의 수준과 범위가 유연하게 조정되어야 한다.

또한 학생들의 건강을 지키기 위한 온라인 평가체제가 도입되어야 한다. 코로나19가 종식되지 않은 상황에서 학생들은 수행평가 등의 시험을 위해 감염의 위험을 무릅쓰고 주 1회 이상 등교했다. 학생들의 건강과 시험 중에서 무엇이 중요한지를 묻지 않을 수 없다. 이러한 문제를 해결하기 위해서는 온라인 수업에 맞는 평가체제를 도입해야 한다. 이에 따른 평가 항목으로 온라인 평가에 적합한 서술형 평가나, 토론·토의 수업에서의 참여도 평가, 프로젝트 수업의 참여도 평가 등을 고려할 필요가 있다. 이런 평가는 많은 시간과 노력이 필요하므로, 평상시 학습 데이터를 분석하여 교사의 평가 업무를 지원할 수 있는 인공지능 시스템이 도입되어야 한다.

무엇보다 에듀테크를 활용하려면 교육 목적으로 콘텐츠를 자유롭게 공유할 수 있는 저작권을 확보해야 한다. 현재 수업 시간에 주로 사용하는 플랫폼이나 소셜 미디어, 메신저를 통해 콘텐츠를 공유하는 것은 위법의 소지가 크다. 따라서 교육 목적이라면 콘텐츠를 자유롭게 공유하도록 교육부가 저작권료를 지불하거나 저작권자를 표시해서 누구든지 콘텐츠를 자유롭게 공유하도록 저작권법 시행령을 개정해야 한다.

앞으로도 코로나19 같은 국가 재난 사태는 언제든 발생할 수 있다. 상시적인 원격수업체제가 마련되도록 정부는 e학습터나 EBS 온라인 클래스 같은 교육 플랫폼을 지속적으로 지원해야 한다. 특히 원격수업용 콘텐츠가 아직 전혀 확보되지 않은 교과를 중심으로 콘텐츠를 계속 개발해야 한다. 더 이상 원격수업을 지원하는 교육 플랫폼을 경제적 가치나 효율성으로 따져서는 안 된다. 이러한 교육 플랫폼은 국가 재난 상황에서도 '무중단' 교육 서비스를 제공할 수 있는 교육 방역 시스템이기 때문이다.

표준화를 넘어 개개인성을 향해

08
교육 혁신을
가로막는 장벽을 깨자

표준화를 만들어내는 학교라는 장벽

많은 학생을 효율적으로 가르치기 위한 근대식 학교제도는 2차 산업혁명으로 등장한 대량생산 체제의 공장과 닮았다. 한 마디로 '대량교육 체제'라고 볼 수 있다. 1900년대 초 프레더릭 테일러(Frederick Winslow Taylor)는 공장에서 좀 더 높은 성과와 수익을 얻는 방법을 연구한 끝에 '과학적 관리론'을 고안했다. 그는 효율성과 생산성을 높이기 위해 시간과 동작을 분석하는 연구를 진행하여 분업화와 전문화를 구현했다. 포드 자동차의 설립자인 헨리 포드(Henry Ford)는 당시 과학적 관리론을 공장에 적용하여 컨베이어 벨트와 표준화된 공정을 통해 대량생산 체제를 완성했다. 이를 '포디즘(Fordism)'이라고 한다. 하지만 대량생산 공장에서 조직의 능률을 높여주었던 과학적 관리론은 찰리 채플린(Charles Chaplin)의 〈모던 타임즈〉(1936년)에서 묘사되었듯이 인간을 기계의 일부인 톱니바퀴처럼 통제함으로써 부정적으로 인식되기도 했다.

이러한 테일러의 과학적 관리론과 포디즘에 기반을 둔 학교제도는 컨베이어 벨트를 학년제로 만들었고, 표준화된 공정을 국가 교육과정으로 구현했다. 학생들은 자동차의 부품이 조립되듯 컨베이어 벨트에 올려진 채로 1년 단위로 학년을 이동한다. 교사는 마치 공장의 노동자처럼 동일한 공정에 투입되어 표준화된 수업을 진행한다. 여기서 중요한 점은 대량교육 시스템에서는 학습의 주체인 학생이 교육의 대상, 즉 객체화된다는 것이다.

학생들은 제각기 고유한 소질과 적성을 갖고 있고 다양한 경험에 의해 체화되어 있다. 하지만 학교제도는 학생의 다양성을 존중하지 않고 평균 수준의 '표준화'된 목표를 지향한다. 앞에서 비유했듯이 학년제를 운영하는 기본 방식은 공장의 컨베이어 벨트와 같은 원리이다. 실제로 학년제를 운영하는 과정에서 학생들 각각의 학습 성과에 대한 관리가 제대로 이루어지지 않고 있다. 국가교육과정은 학년제와 강력하게 결합하여 있고, 학년별로 학습해야 할 내용의 분량은 표준화되어 있다. 학생들의 학습 상황과 무관하게 진도라는 형태로 수업이 진행되고 있다. 학교별로 교육이 운영되고 있지만, 전국적으로 볼 때 하나의 브랜드가 운영하는 공장들이라고 봐도 무방하다.

우리나라는 다른 나라보다 더욱 뚜렷하게 서열화된 대학 구조를 가지고 있다. 일반적으로 명문 대학은 어느 나라에나 존재하지만, 우리나라처럼 대학 졸업장이 취업에 미치는 영향과 생애소득에 미치는 영향이 높은 국가는 드물다. 좋은 대학에 입학하려는 강렬한 욕구는 우리나라 학생과 학부모라면 일반적으로 가지고 있는 특징이다. 대학 입시에 고등학교의 내신성적이 반영되기 때문에 고등학교 교사는 학생들의 공정한 경쟁을 위해 엄격한 상대평가를 요구받는다. 상대평가는 학생들의 성취 수준을 시험 점수로 서열화하고, 등급으로 나누어 평가하는 방식이다.

우리나라에서 시행하고 있는 고등학교의 9등급제에서는 서열이 최상위 4퍼센트에 해당하는 학생들만 1등급을 받는다.

모든 학교에서 최하위 4퍼센트에 해당하는 학생들은 9등급을 받는데, 이는 학습 과정에서 실패했다고 평가되는 것이나 다름 없다. 고등학교에서 받은 내신성적은 일생 바꿀 수 없는 낙인이 된다. 한번 결정된 시험 성적에 대해서 학생은 다시 회복하는 기회를 얻을 수 없다.

어느 고등학교의 초임 교사가 실제 수학에 대한 학습 의욕은 있지만 기초가 부족해서 성적이 좋지 않았던 두 학생을 열심히 지도하여 성적을 향상시킨 사례가 있다. 이 교사는 학교장으로 부터 칭찬을 받았을까? 결론을 말하자면 학교장에게 심한 꾸 중을 들었다. 해당 교사의 개입으로 학부모들이 학생들의 공정 한 경쟁이 훼손된다는 민원을 제기할 수 있다는 게 꾸중의 이 유였다. 결과적으로 고등학교에서 교사는 개별 학생을 교육적 으로 지원하는 역할이 아니라, 심판으로서 공정한 경쟁을 관 리하는 역할이 더 강조되고 있다. 이처럼 상대평가는 학교에서 이루어지는 교육 활동을 위축시키는 요인이다.

이런 부정적인 영향을 나타내듯 우리나라 어린이와 청소년 의 주관적 행복지수는 2019년 기준 OECD 22개국 가운데 최하위를 기록했고, 삶의 만족도는 20위를 기록했다. 우리나라의 학교 경험이 다른 나라보다 더 힘들고 괴롭다고 해석할 수 있다. 무엇이 아이들을 이토록 힘들게 하는 것일까. 왜 아이들은 이렇게 힘들어하면서도 학교를 열심히 다닐까.

학교가 졸업장이라는 증명서를 제공하기 때문이다. 학교에 출석한 날짜가 기준 일수보다 많았다는 것을 증명해 보일 수 있다. 학교에서 열심히 공부했는지에 대한 학생의 성과는 '성적표'가 대답해준다. 성실하게 학교에 다니고 과정을 마쳤다는 졸업장이 없으면 인생에 더 큰 어려움을 겪을 수 있다. 그래서 학생들은 입시를 비롯한 여러 어려움을 인내하고 학교에 다닌다. 겉으로 크게 드러나지 않을 뿐 학생들에게 학교에서의 경험은 행복하지 않을 수 있으며, 삶에서 의미를 갖지 못하게 만들 수도 있다. 하지만 현실적으로 학교의 안과 밖의 장벽은 너무 높아서 학생들은 학교에서 벗어나기 어렵다. 학생들이 학교에서 의미 있는 학습 경험을 할 수 있고 행복함을 느낄 수 있도록 다른 대안과 해결 방법을 만들어주어야 한다.

잠자는 교실 잠자는 교육

우리나라의 현행 학제는 교육법령에 근거하여 학교 단계를 초등학교, 중학교, 고등학교, 대학교로 구분하고 있다. 이를 간단히 '6-3-3-4제'라고도 표현한다. 우리나라는 전국에서 동일한 학제를 운영하고 있는데, 교육을 운영하는 효율성과 평등의 측면에서는 장점이다. 하지만 학교제도의 경직성으로 비롯되는 문제도 상당히 존재한다.

우리나라 국민이라면 누구나 만 6세를 기준으로 초등학교에 입학해야 하고, 초등학교 6년의 과정을 마치면 졸업 후 중학교에 입학해야 한다. 중학교에 입학한 지 다시 3년이 지나면 고등학교에 입학한다. 어떤 학생이 초등학교의 교육과정에 대한 이해가 부족하더라도, 초등학교를 7년 동안 다니는 경우는 거의 없다. 학습을 이해한 정도와는 관계없이 그저 나이에 따라 학교에 다니는 상황이다. 학교제도는 개별 학생의 상황을 고려하는 유연성을 갖춰야 하지만 실제로 거의 그렇지 못하고 있다.

우리나라 학교의 교육과정은 학생의 학습 수준, 학습 속도, 학습 필요, 문화적 차이 등을 반영하지 않고 고정된 방식으로 운영되고 있다. 그렇다 보니 교육과정의 내용과 수준, 속도에 맞지 않는 학생들, 말하자면 더 빠르게 가는 학생과 더디 가는 학생 모두 소외될 수밖에 없다. 결과적으로 학교제도를 너무 획일적으로 운영함으로써 다양한 측면에서 비교육적인 결과가 발생하고 있다. 학생 각자가 모두 다름에도 불구하고 학교에서는 예외가 인정되지 않는 교육과정을 운영한다.

알베르트 아인슈타인(Albert Einstein)은 "모든 사람은 천재다. 하지만 당신이 나무를 오르는 능력으로 물고기를 판단하면, 물고기는 한평생 자신이 바보라고 믿으며 살 것이다"라는 명언을 남겼다. 현재 우리나라 교육과정을 잘 나타내는 표현이다. 아이들은 모두 다른 재능을 갖고 태어나며, 재능은 자라면서 변화한다. 그러나 우리나라 학교는 저마다 다른 아이들에게 동일한 과제를 부여하고 있다.

학교에 처음 입학하는 초등학교 1학년부터 학생들 사이에서는 학습 수준과 속도에서 차이가 나타난다. 하지만 학생 간의 차이를 고려하지 않은 국가 수준의 단일한 교육과정이 여전히 운영되고 있다. 획일적인 교육과정은 수업시수, 과목별 단위 수의 형태로 이루어져 학습의 양과 시간이 표준화되어 있다. 결과적으로 학습자 개인별 차이를 고려하지 않는 학습이 이루어지는 중이다.

학교에 입학하는 시점에서의 개인별 차이는 표준화된 교육과정으로 인해 학년이 올라가면서 그 격차가 더 커진다. 수학과 같이 내용상으로 수직적인 연계, 즉 계열성이 강한 과목은 한 번 학습 결손이 발생하면 계속 누적되어 나중에는 극복하기 매우 어렵다. 통계적으로 살펴보면 학년과 학교급이 올라갈수록 전체적인 학업의 성취 수준이라고 할 수 있는 평균 점수가 낮아진다. 학교급이 올라갈수록 기초학력에 미달하는 학생의 비율도 높아졌다. 평균을 지향하는 교육과정과 교사의 진도 나가기 부담으로 인해 학업이 부진한 학생의 경우 교육의 대상에서 제외되는 상황이 발생하고 있다. 언론에 자주 등장하는 '잠자는 교실'의 문제나 '일반고의 위기' 현상 등은 경직적이고 표준화된 교육과정에 의해 발생하는 안타까운 현상이다.

과목마다 따로따로 지식도 따로따로

학교에서 이루어지는 교육과정은 학문의 분류를 기반으로 구성되기 때문에 학생들은 개별적이고 분화된 교과목 체계로 학습한다. 교과목이 독자적인 학문 영역에 기반을 두고 있어서 서로 연관성이 적기 때문에 학생들은 학교에서 배우는 내용 지식이 실제 생활에서 쓸모없다고 느낀다. 물론, 학문은 본래 세분화하는 과정을 거치면서 발전한다. 그러나 모든 학생이 특정 분야의 전문가가 될 사람에게나 필요한 깊은 수준의 교과 내용까지 배워야 하는지는 명확한 합의가 필요하다.

실제로 교과 간 장벽은 학생들의 학습에 큰 어려움을 주고 있다. 특정 분야의 학문에 더 깊숙이 들어갈수록 실생활의 문제와는 점점 거리가 멀어지기도 한다. 학생들이 대학의 전공 분야를 선택한 이후에는 다시는 활용하지 않을 지식과 내용을 학습하는 데 많은 시간을 할애하고 있다. 많은 사람이 수학의 미적분을 그 사례로 드는데, 다른 과목도 마찬가지다. 분절적이고 세분된 교육과정의 장벽에 놓인 학생들은 학습 내용의 의미를 파악하지 못한 상황에서도 진도를 나가기 위해 학습에 임해야 하는 어려움에 처한다.

독일의 심리학자 헤르만 에빙하우스(Hermann Ebbinghaus)의 망각곡선(forgetting curve)은 인간이 지식을 망각하는 것에 관한 이론이다. 인간은 의미를 이해하지 못하고 재구성하지 못한 지식은 금방 잊어버린다. 학생이 과목 간 분절된 내용을 학습하는 것은 학생 본인의 학습 경험과 연결되는 지점 없이 무의미한 정보를 기억하려는 시도다. 그러한 학습은 금방 망각으로 이어진다. 학교에서 이루어지는 수많은 학습과 다양한 정보의 습득이 결과적으로 아무런 의미 없이 사라지게 되는 현상을 모두 경험하고 있다. 현재 학교의 교육은 학생 개개인의 지식과 경험의 구조를 무시하고 단순히 새로운 정보만 제공하는 상황이다. 결과적으로 학생들은 배우는 내용 대부분을 망각하는 과정을 일상적으로 반복하고 있다.

미래의 교육은 학생이 현재 가지고 있는 지식과 경험을 토대로 의미를 이해하고 재구성할 수 있는 내용으로 구성되어야 한다. 의미 있는 학습을 위해서는 우선 학습자의 지식과 경험에 대한 이해가 필요하다. 또한 지식과 경험의 구조가 재구성될 수 있는 학습 경험을 제공해주어야 한다. 즉 학습 내용 간의 종합적이고 체계적인 연계가 필요하다. 교사도 인공지능 교육을 활용하여 학생의 지식과 경험의 구조를 구체적으로 파악한 후에 의미 있는 학습 기회를 맞춤형으로 제공해야 한다.

미래 교육과정의 핵심인 고교학점제

지난 2018년에 '2022학년도 대학 입학제도 개편방안'이 발표되었다. 이 개편의 핵심은 수능 전형 비율을 30퍼센트 이상으로 확대하도록 대학에 권고하고, 학생부종합전형의 공정성을 높이겠다는 것이다. 이 개편으로 대학 입시제도에 대한 국민적 요구가 공정성과 신뢰성에 초점이 맞추어져 있다는 것을 확인할 수 있다.

개편 내용에서 더욱 관심 있게 지켜봐야 할 것은 '중·장기 고교 교육 혁신방안'이다. 4차 산업혁명 시대의 도래, 인구절벽 현상과 학령인구의 급격한 감소 등 교육 분야를 둘러싼 환경 변화는 교육의 틀이 바뀌어야 함을 계속 강조하고 있다. 우리 아이들이 입시 위주의 경쟁적인 교육에서 벗어나 서로 협력하고 소통하는 교육, 각자의 특성에 맞는 맞춤형 교육을 받을 수 있도록 보다 유연한 교육체제를 수립해야 할 때다. 이런 측면에서 바로 '고교학점제' 도입에 대한 구체적인 로드맵에 주목해야 한다.

현행 고등학교 교육과정의 중심이 되는 학년제, 단위제는 표준화된 교육의 전형이다. 고교학점제는 근대식 학교제도가 안고 있는 표준화된 교육과정의 문제를 보완하기 위해 도입되었다.

고교학점제란 대학처럼 학생이 진로에 따라 과목을 선택해 이수하고, 누적 학점이 일정 기준에 도달하면 졸업을 인정받는 제도다. 프로젝트 수업 등과 같이 학생 참여형 수업을 활성화하는 제도이기도 하다. 하지만 아직 학교 현장의 반응은 그리 호의적이지 않다. 취지는 좋지만 고등학교 내신 평가나 대입제도와의 연계가 전제되지 않는 한 고교학점제가 제대로 시행되기 어렵다는 불안감이 있어서다. 고교학점제는 교육과정 개정을 단계적으로 거치면서 학교 현장에서 대응할 수 있는 시간을 제공하고 있으며, 2025년에 본격 시행하는 것을 목표로 하고 있다.

우리나라에서 추진하고 있는 고교학점제의 기본 취지는 학습자의 수준과 적성, 진로를 고려하여 학습자 중심의 맞춤형 교육을 실현하는 것이다. 고교학점제가 성공적으로 운영되려면 학교 기반형(학교 내, 학교 간), 지역사회 연계형(학교 밖 위탁교육형, 학교 밖 교육자원 활용형), 온라인 기반형 등의 교육과정을 마련해야 한다.

고등학교 교육과정은 '2015 개정 교육과정'에 이르기까지 유연한 진로 탐색형(과정 형성형, 과목 선택형) 체제를 지향하고 있다. 이러한 체제에 적합한 이수제도는 기존의 학년제가 아닌 학점제다.

인공지능 시대의 주역이 될 학생들을 위해 교육 장벽을 허물고 그들의 행복한 성장을 도우려면 고교학점제가 정착되어야한다. 나아가 중학교 수준에도 무학년제와 연계된 학점제가 확대될 필요가 있다. 학점제가 안정적으로 확대되려면 다음과 같은 노력이 필요하다.

첫째, 학생들의 개인별 계획에 따라 학습이 이루어지도록 자기 주도적인 역량을 개발해주어야 한다. 또한 학생이 자신의 진로와 적성을 고려하여 적절한 과목을 선택하도록 돕는 프로그램을 마련해야 한다. 현재 학점제가 시행되고 있는 대부분의 외국 학교는 학생들에게 책임감을 부여하여 스스로 학습 계획을 세우도록 교육하고 있다. 특히 학생이 세운 계획이 잘 실행되도록 피드백을 제공하여 자기 주도적인 학습자가 되도록 돕고 있다.

둘째, 학생 개인의 관심과 수준에 따라 원하는 수업을 선택할 수 있는 무학년제로 나아가야 한다. 같은 연령이라는 이유만으로 다양한 적성과 수준의 학생에게 동일한 교육과정을 제공했던 전통적인 교육과정의 틀에서 벗어나야 한다. 학점제로 운영되는 학교의 사례들을 살펴본 바에 따르면 모든 학교가 무학년 학기 집중 이수제를 운영하고 있었다. 미래 학교의 성공 사례로 꼽히는 미국의 칸랩스쿨(Khan Lab School)에서도 교육과정 전체가 무학년제로 운영되고 있다.

셋째, 고교학점제라는 개인별 교육과정으로 변하기 위해서는 교사의 역할과 학교 환경에서 변화가 필요하다. 전통적인 학습 방식과 달리 학점제가 운영되는 학교의 학습 가이드는 학생에게 의견을 구하여 선택지를 제시하는 방식으로 학습을 촉진하고 있다. 칸랩스쿨에서는 프로젝트식 수업과 연구수업을 중심으로 교수 학습이 이루어지고 있다. 이러한 개별화 교육과정을 운영하기 위해 교사는 학생 개개인에게 더욱 관심을 갖고, 학생 중심의 교육과정이 이루어지도록 프로젝트 기반 학습, 협력 학습, 문제해결 학습 등 다양한 교수 방법을 활용해야 한다. 또한 학교는 이 같은 수업이 이루어지도록 학습 기자재와 교과교실을 갖추고, 자기 주도 학습을 위한 다양한 형태의 학습 공간을 마련해야 한다.

넷째, 학점제를 안정적으로 정착시키고 운영하기 위해서는 법령 및 시행령의 개정이 필수적이다. 학생의 학습 부담을 줄이고 학점제를 원활하게 운영하기 위해 현행 학기당 17주 운영을 축소하는 방안을 마련해야 한다. 또한 학점 이수의 최소 기준을 마련하여 구체적으로 규정할 방안을 모색해야 한다. 현재 고등학교 졸업 기준이 이수일로 규정되어 있는데, 적합한 합의를 거쳐 이수 단위를 마련해야 한다. 학생의 학점제 참여와 학사 관리를 원활하게 운영하도록 단위 학교뿐만 아니라 학교 간, 또는 지역 교육청 등이 통합적으로 관리할 수 있는 행정체제를 구축해야 한다.

인공지능이 여는 미래 학교의 길

학생과 학부모, 교사, 정책 담당자, 교육 전문가 모두가 인공지능 교육을 받아들이고 역할을 바꾸는 본질적인 변화를 이루어낸다면, 한국 교육의 고질병이라고 보이는 입시 문제와 교육 격차 문제를 해결할 수 있을까? 무엇을 배울지, 어떻게 배울지 등 교육을 완전히 새롭게 정의하는 인공지능 교육은 정말 우리 교육의 양대 난제를 해결할 수 있을까?

우리나라 시험은 수능과 대학별 고사와 같이 한 번의 시험이 이후의 인생을 크게 좌우하는 고부담 시험 문화를 가졌다. 시험 성적에 따라 어느 대학에 입학했느냐가 평생토록 사회경제적 지위에 크게 영향을 미친다. 그렇다 보니 아주 어릴 때부터 모든 학습이 대입에 맞추어질 수밖에 없는 구조다. 모든 아이가 잠재력과 적성이 다른데 표준화된 고부담 시험에서 똑같은 잣대에 맞춰 1점이라도 더 올리기 위한 경쟁에 나선다. 따라서 대학 입시 문제를 해소하지 않고는 아무리 모든 사람이 학생 주도적 평생 학습을 이야기하더라도 변화를 끌어내지는 못할 것이다.

실제로 정부가 대입 문제를 해결하기 위해 입학사정관 제도를 도입하고, 고부담 시험이 아닌 수시와 같은 제도를 도입했지만 이러한 제도 개선만으로 근본적인 입시 문제가 풀리기는 어렵다. 입학사정관이 수시 전형에서 학생의 다양한 역량에 관한 자료들을 활용하고자 해도 학교 현장에서 교사들 대부분은 이런 자료를 제공하지 못하는 실정이다. 수업의 변화가 없고 교사의 역할이 변하지 않았기에 교사가 학생들의 다양한 역량을 제대로 평가하지 못한다. 따라서 이런 제도가 오히려 사교육만 키우고 입시의 불공정성을 확대했다는 역풍을 맞게 되었다. 입시 문제를 해결하려면 대입제도만 고쳐서는 안 되고, 학교에서 무엇을 가르칠지 어떻게 가르칠지에 대해 고민하여 근본적인 변화를 이루어내야 한다.

많은 학자와 전문가가 전망하듯이 앞으로 시험으로 쉽게 측정할 수 있는 역량은 인공지능에 의해 대체될 것이다. 고부담 시험으로는 인공지능에 대체되지 않는 역량을 평가하지 못한다. 기존의 고부담 시험에 의존한 입시는 결국 인공지능이 제공하는 지속적 맞춤평가(하이테크)와 교사가 인간적 연결을 통해 학생의 사회적 역량과 인지 역량을 평가하는 것(하이터치)으로 대체될 것이다. 인공지능은 낡은 입시체제를 변화시키는 동력으로 더욱더 크게 작용할 것이다.

교육 격차도 인공지능 교육으로 해소될 수 있을까? 이른바 개천에서 용이 날 수 있을까? 학교에서 AI 개인교사인 ITS와 같은 시스템이 도입되어 대량맞춤 교육이 가능해지면 최근 심각해지는 수포자(수학 포기자) 문제와 같이 기초학력 미달 학생을 줄이는 데 도움이 될 것이다. 그리고 교사가 학생을 멘토링하고 학생의 사회적 역량과 인지 역량을 키워주는 하이터치가 강화되면 소외 계층 학생에게도 필요한 역량을 길러주어 교육 격차를 줄이게 된다.

인공지능 교육은 대학도 크게 변화시킬 것이다. 과거 대학은 누구나 쉽게 입학해서 배울 수 있는 곳이 아니었다. 대학 교육은 비용과 시간도 많이 들고, 수업 과정에서 수행해야 할 것들도 많다. 그러나 인공지능 교육을 도입한 대학은 비용이 훨씬 적게 들고, 누구에게나 열려 있어서 배우는 데 편리한 장소로 바뀔 것이다. 물론 대학의 이 같은 변신은 쉽지 않다. 이 과정에서 기존 명문 대학교가 도태되는 서열 파괴가 일어날 수도 있다.

최근 미국에는 최첨단 학습 플랫폼과 AI 개인교사를 활용하여 10만 명이 넘는 학생들에게 온라인 학습(또는 혼합 학습) 기회를 제공하는 혁신적이고 포용적인 대학들이 출현하고 있다. 우리나라에도 인공지능 교육이 도입되면 본격적으로 대학의 파괴적 혁신, 즉 서열 파괴가 일어날 것이다. 이는 입시 문제를 해소하고 교육 격차를 줄이는 데 기여할 전망이다.

09
누구도 소외되지 않는 디지털 세상을 만들자

미래 기술 격차가 만드는 불평등

유네스코는 인공지능이 여러 선진국을 중심으로 교육 분야에 활용되면서 개발도상국에 미치는 영향을 우려하고 있다. 가난한 국가는 인공지능과 같은 디지털 기술의 발달에 따라 경제적, 사회적으로 새로운 분열을 겪을 위험이 있기 때문이다. 인공지능 교육을 하려면 기본적으로 정보 인프라와 함께 이를 활용할 수 있는 새로운 학습 방법을 갖춘 능력 있는 교사가 필요하다. 그러나 가난한 국가의 소외 계층에게는 이것이 또 다른 장애가 되어 교육 격차가 커지고 사회 갈등이 가속화될 수 있다. 디지털 격차는 국가 간 정보 격차, 나아가 경제적 격차로 이어질 가능성이 크다.

　우리나라는 5G 네트워크를 가장 먼저 도입한 최고 수준의 ICT 인프라 강국이고 세계 최고의 스마트폰을 생산하는 국가이지만, OECD 국제학업성취도평가(PISA) 조사(2018년 기준) 결과 학교에서 컴퓨터를 활용하는 비율은 하위권으로 나타났다.

　인공지능 교육을 추진하기에 앞서 디지털 기술로 발생할 수 있는 학생 간 격차와 교사 간 격차를 해소하기 위한 정책들을 면밀히 검토해야 한다. 인공지능 교육이 도입되었을 때 격차는 단순히 기술적 요인뿐만이 아니라 다양한 요인에 의해 발생할 수 있다. 따라서 사회안전망을 촘촘히 하겠다는 취지에서 디지털 격차 요인을 아래와 같이 다양한 각도로 살펴봐야 한다.

　첫째, 인공지능 교육은 학생들의 잠재력을 향상시키지만 동시에 인공지능 교육에 적응한 학생과 그렇지 않은 학생 간의 학력 격차를 더 벌릴 것이다. 인공지능 교육에 적응한 학생은 인공지능이 추천해주는 우수한 프로그램으로 자신의 능력을 더욱더 향상시킬 수 있다. 그러나 인공지능 교육에 적응하지 못한 학생은 그 기회를 활용하지 못하기에 오히려 학력 격차가 더 커질 수 있다.

둘째, 인공지능 교육에 대한 학생들의 적응 여부와 상관없이 사회·경제적 여건에 따라서도 격차는 벌어진다. 인공지능 교육은 인터넷과 정보 시스템을 기반으로 운영되기 때문에 안정적인 서비스를 위한 정보 인프라가 구축되어 있어야 한다. 현재 인터넷 통신망 속도는 지역 간 격차가 있다. 일부 지역에서는 4G 또는 5G와 같은 초고속 무선통신망에 접속할 수 없어 우수한 교육 자료를 실시간으로 접속하는 데 많은 제약이 따른다. 지역 간의 인프라 격차는 곧 교육 격차로 이어질 수 있다. 따라서 인공지능 교육에 필요한 유·무선 인터넷 통신망을 확충하고 인공지능 응용 프로그램을 사용할 단말기를 보급해야 한다. 같은 맥락에서 정부는 저소득층 자녀들이 어디서나 학습할 수 있도록 유·무선 연결이 가능한 인프라를 시급히 구축하고 소외 계층 자녀의 온라인 학습을 위한 디지털 디바이스와 통신비 지원을 확대할 필요가 있다.

셋째, 인공지능 교육 시스템은 모든 사람을 위한 보편적인 설계 원칙에 따라 제작되어야 존재 가치가 있다. 대다수 사람이 인공지능 교육에 쉽게 접근할 수 있더라도, 인공지능에서 사용하는 언어가 다르고 장애 학생이 접근할 수 없다면 무용지물이나 다름없다. 사용하는 언어가 다른 학생을 위해 인공지능이 자동 번역이나 통역을 해주는 솔루션이 필요하다. 그리고 시각이나 청각에 장애가 있는 학생들은 보조공학 기술을 활용하여 인공지능 교육을 받을 수 있도록 접근성이 확보되어야 한다. 사용자의 연령이나 성별, 능력, 질병과 상관없이 모든 사람이 인공지능 교육에 참여할 수 있도록 사용자 중심으로 시스템을 설계해야 한다. 실례로 마이크로소프트의 한 맹인 직원이 개발한 시각 장애인용 '시잉AI(Seeing AI)' 앱은 스마트폰으로 사물이나 텍스트를 찍으면 장애 학생에게 그 사물이 무엇인지 소리 내어 자세히 알려준다.

마지막으로, 교사 간 격차가 디지털 학습 격차를 초래할 수 있다. 교육 분야에서 각종 교육 플랫폼과 스마트 기기 등과 같은 디지털 기술이 주는 혜택을 누리기는 쉽다. 하지만 그것을 교사가 학교 교육에 직접 적용하고 운영하려면 최소한의 기술적 역량을 갖춰야 한다. 미래 시대에 인공지능이 우리 교육 전반과 사회에 미칠 영향을 고려하여 교사뿐 아니라 학생, 학부모, 지역사회를 폭넓게 아우르는 공감대가 형성되어야 한다.

2015년 개정 교육과정에 초·중등 학생에게 컴퓨팅 사고력을 기를 수 있도록 SW 교육이 필수로 포함되었지만 아직 담당 교사의 몫으로만 여겨지고 있다. 이러한 상황은 교사들이 오히려 인공지능 교육에 대한 거부감을 느끼게 할 우려가 있다. 아직 인공지능은 가르치기 어렵다는 부정적인 인식이 있고, 실제로 많은 학교에 인공지능 교육 자원이 부족한 상황이다. 따라서 교사들이 인공지능을 활용한 다양한 수업 기술을 익히도록 전문적인 연수 과정을 마련해야 한다. 인공지능 기술을 교육과정과 통합하여 가르칠 수 있는 교사 역량이 필요하다.

학교로 간 인공지능

코로나19가 장기화되면서 교사와 학부모들이 한목소리로 디지털 격차에 따른 교육 불균형 문제를 크게 우려하고 있다. 사회적 거리두기로 학교가 온라인 수업에 크게 의존하면서 저소득 가정과 소외 계층의 학생들이 제대로 학습을 못하는 것으로 나타났다. 만약 이 격차 문제를 개선하지 못한다면 우리 사회의 형평성과 사회 이동성이 향후 감당하지 못할 만큼 심각하게 훼손될 수 있다.

이 책의 전체에 걸쳐 강조했듯이 교육 격차를 해소하는 가장 확실한 방법은 모든 학생이 AI 개인교사와 학습하는 것이다. 많은 사람이 인공지능을 학교 교육에서 활용하는 것은 시기상조라고 지적하지만, 실제로 인공지능 교육은 전 세계 여러 국가에서 교육 격차를 해소하기 위한 가장 현실적인 대안으로 검토되고 있다. 이미 미래 유망 산업으로서 인공지능에 사활을 걸고 투자하고 있던 미국, 중국, 영국 등의 국가는 교육에서도 우리나라보다 앞서 인공지능 교육 방향으로 움직이고 있다.

미국의 애리조나주립대학교는 2011년부터 수학에서 경제학까지 12개 과목에 AI 개인교사를 도입했다. 덕분에 6만 5,000명의 학생이 과목별 AI 개인교사와 학습하면서 큰 학습 효과를 보았고, 애리조나주립대학교는 미국에서 가장 혁신적인 대학으로 수년 동안 선정되었다.

AI 개인교사의 가능성은 무한하다

앞에 열거한 국가보다는 늦었지만, 우리나라도 AI 개인교사의 도입을 시작한 교육기관들이 있다. 2019년에 한국개발연구원(KDI) 국제정책대학원의 계량분석 수업에 통계학 ITS인 알렉스(ALEKS, 온라인 평가 및 학습 시스템)가 처음 도입되었다. KDI 국제정책대학원에는 국내 학생들도 있지만, 과반수는 세계 각국에서 한국의 발전 경험을 배우기 위해 외국에서 온 공무원과 정책 전문가들이다. 본래 통계학의 경우 학생 개인 편차가 커서 교수가 수업 수준을 맞추기가 매우 까다롭다. 그러나 AI 개인교사는 먼저 기본 능력 평가를 거쳐 학생의 수준을 파악한다. 이후 학생들이 개개인의 수준과 학습 속도에 맞춰 배울 수 있도록 도와준다. 그리고 교수에게는 학생 개개인이 하루 몇 시간 동안 AI 개인교사와 학습했는지 등과 같은 자세한 학습 정보를 실시간으로 제공한다.

이 수업을 구성하고 가르친 교수의 경험담은 미래 교육 방법을 설계할 때 참고할 수 있는 사례로 주목할 만하다. 이 계량분석 수업에서 두 학생이 기본 능력 평가에서 가장 낮은 수준이었는데, 이후 중간고사에서는 가장 높은 수준으로 큰 향상을 보였다. 교수는 AI 개인교사가 보낸 정보를 보고, 이 학생들이 100시간 이상이나 AI 개인교사와 공부했음을 알 수 있었다. 물론 이 과정에서 학생들은 교수와의 수업에도 매우 열심히 참여했다. 이렇듯 전통적 수업에서는 교사가 학생들 모두를 끌어 올려 주기 힘들어서 낙오할 수도 있던 학생들이, AI 개인교사의 도움을 받아 학습에 성공할 수 있었다.

올해 결성된 하이터치 하이테크 컨소시엄에 가입한 국내 16개 대학에서는 AI 개인교사를 수학, 화학, 물리, 통계, 경제, 영어 등의 기초 과목에 도입하기 위해 공동으로 하이터치 하이테크 교육과정을 개발하고, 교수들이 연수를 받고 있다. AI 개인교사가 우리 고등교육에서 교육 격차를 얼마나 줄일 수 있을지 아직은 판단하기 어렵다. 그렇지만 AI 개인교사라는 가능성을 탐색해볼 의미 있는 계기가 우리나라 대학에서도 시작되었다.

사실 컴퓨터를 이용해 학생 학습에 도움을 주려는 노력은 오래전부터 있었다. 하지만 단순히 학생에게 태블릿 PC를 제공하거나, 모든 교실에 와이파이를 설치하는 것만으로는 큰 효과가 없었다. 그러나 이제 AI 개인교사라는 무궁무진한 가능성이 초·중등 교육에서도 열리고 있다.

대표적인 예로 페이스북의 CEO 마크 저커버그(Mark Elliot Zuckerberg)가 그의 아내 프리실라 챈(Priscilla Chan)과 함께 설립한 챈·저커버그 이니셔티브(CZI)에서 운영하는 프로그램을 꼽을 수 있다. 2013년부터 330개교의 5만 4,000명 학생을 지원하는 서밋공립학교(Summit Public School) 프로그램이다. 시애틀의 차이나타운에 위치한 저소득층 학생이 밀집해 있는 한 공립학교에서는 모든 학생이 오전에 AI 개인교사인 서밋 학습 플랫폼을 활용해 각각 다른 내용을 개인 학습 속도와 능력에 맞추어 학습한다. 오후에는 교사들이 프로젝트 학습을 이끌거나 멘토링을 한다. AI 개인교사가 인간 교사의 수업 부담을 덜어주고, 교사와 학생 간의 인간적 연결에 도움을 준다.

한 보고서에 따르면 미국 전체 학교 가운데 약 20퍼센트의 학교가 AI 개인교사를 도입하여 수업을 진행한다. 우리나라 학교들은 아직 AI 개인교사 같은 교육 플랫폼을 거의 도입하지 않았지만, 사교육 시장에서는 이미 AI 개인교사가 탑재된 태블릿 PC 상품들이 학습지를 빠르게 대체하고 있다. 네이버가 설립한 비영리 교육기관인 커넥트재단은 수학 과목의 대표적 글로벌 AI 개인교사인 칸아카데미를 한국어로 번역해 무료로 배포하고 있다.

아주대학교는 코로나19 이후 온라인 수업이 활성화되면서 훨씬 많은 학생의 데이터 수집이 가능해졌다. 그 결과 아주대학교는 그동안 상당한 투자를 통해 구축해놓은 데이터 기반 교수학습 지원체제인 아틀라스(ATLAS)의 활용성이 높아질 것으로 기대하고 있다. KDI 국제정책대학원은 지난해 필수과목인 계량분석에 알렉스를 도입해 성과를 보았고, 코로나19 이후에는 모든 과목을 실시간 스트리밍 방식으로 진행하고 있다.

코로나19의 경험을 교육 혁신의 계기로 삼자

21세기 에듀테크는 학생 능력과 상황에 따라 온라인 학습과 오프라인 학습을 적절히 조화시키는 혼합 수업을 기반으로 한다. 하지만 인공지능 교육과 같이 21세기 에듀테크의 눈부신 발전에도 불구하고 대부분 국가에서는 이를 제대로 활용하지 못하고 있었다. 그런데 온라인 수업의 비중이 1퍼센트도 안 되던 우리나라 대학에서 코로나19라는 위기가 교수들 대부분을 온라인 수업으로 이끌었다. 과거 어떤 강력한 총장이나 교육 당국도 못했던 일을 코로나19가 해낸 셈이다. 물론 코로나19

가 잠잠해지고 대학이 다시 이전 방식으로 돌아가면 이런 학습의 변화는 없던 일이 될 수도 있다. 그러나 일부 대학에서는 이미 온라인 수업의 갑작스러운 증가를 21세기 에듀테크를 받아들이는 계기로 만들고자 노력하고 있다. 이런 시도가 코로나19 이후 빈번해질 수 있는 세계적 팬데믹을 효과적으로 대응해줄 것이기 때문이다. 다양한 학생들에게 더 적합한 교육 기회를 제공하는 것도 물론이다.

우리나라 교육부도 코로나19에 대응해 일반 대학의 온라인 수업이 전체 수업의 20퍼센트를 초과할 수 없다는 규제를 한시적으로 풀었다. 하지만 코로나19 사태가 끝난 뒤 교육부가 규제의 담을 다시 쌓는다면 그것만큼 어리석은 일도 없다.

최근 우리나라 교육계의 변화의 흐름에 주목해 K-방역에 이어 K-에듀도 화두가 되고 있다. 실제로 한국이 교육에서 글로벌 리더십을 발휘할 수 있다는 기대는 해외에서 더 크다. 한국은 교육에 투자를 아끼지 않는 나라이고 교육의 힘으로 눈부신 발전을 이뤄왔다. 코로나19로 글로벌 교육 격차가 커지는 상황에서 어느 나라도 이 격차로 인한 불평등 문제를 푸는 해법을 내놓지 못하고 있다.

만약 우리나라가 AI 개인교사를 활용해 국내 교육 격차를 성공적으로 해소하는 모범을 보이고 글로벌 교육 격차를 줄이는 데 기여한다면 한국은 K팝, K-방역에서 나아가 K-에듀를 통해 소프트파워 강국이라는 위상을 더욱 높일 수 있을 것이다. 물론 미국과 영국이 AI 개인교사 분야에서 여전히 선두 주자의 자리를 지키고 있다. 중국도 인공지능 교육 기업에 엄청나게 투자하여 기업가치가 1억 달러를 넘는 유니콘 기업들이 세계 교육시장을 넘보고 있다.

그렇지만 우리나라 역시 강점이 있다. 우리나라는 하이터치 하이테크로 세계 인공지능 교육을 이끌어갈 수 있는 저력을 충분히 갖추고 있다. 우리나라는 인공지능 교육의 인프라인 네트워크, 디바이스, 플랫폼, 콘텐츠 등의 영역에서 골고루 경쟁력을 갖춘 하이테크 국가로 세계의 부러움을 받고 있다. 세계에서 가장 먼저 5G 네트워크를 상용화했고 세계 최고의 디지털 디바이스를 생산하며, 구글과 아마존이 압도하는 디지털 플랫폼 시장에서 선전하고 있다. 우리나라는 아직 인공지능 활용 수준이 걸음마 단계이지만 K팝과 K무비 등의 풍부한 콘텐츠를 가지고 있다. 또한 하이터치 교육의 핵심인 우수한 교사를 보유하고 있다. 국제학업성취도평가(PISA)의 한 조사에 따르면 상위 5퍼센트 학생 중 교사가 되기를 원하는 비중이 가장 높은 국가는 한국이다. 무엇보다 한국은 모든 국민이 교육의 힘을 믿고 교육에 개방된 투자를 아끼지 않는다.

따라서 우리 교육계가 산업계와 적극적으로 협업해 실제 교육에 적합한 AI 개인교사를 만드는 생태계를 조성한다면 우리가 바라왔던 교육 혁신을 이루고, 세계 교육 분야에서도 AI 교육 혁명을 이끌 수 있을 것이다.

역설적으로 코로나19로 인한 온라인 수업이 우리나라에게는 큰 기회가 되었다. 학교에 온라인 교육이나 에듀테크가 들어오는 것을 꺼렸던 높은 벽을 순식간에 허물었기 때문이다. 교육계가 합심하여 코로나19가 교육을 중단하지 못하도록 만들었다. 이 놀랄 만한 저력은 K - 에듀의 가능성을 충분히 보여주었다. 이번 온라인 수업의 경험을 지렛대 삼아 오늘의 교육이 내일의 학생을 가르칠 준비가 되었는지를 철저히 점검해야 한다. 알파고가 무엇을 가르칠지에 대한 인식을 바꾸었다면, 코로나19는 학습 방식을 인공지능을 활용해 혁명적으로 바꾸는 계기를 제공했다. 인공지능 교육은 미래 시대에 필요한 역량을 키우기 위해 가르치는 내용을 근본적으로 바꾸는 동시에, 가르치는 방식도 혁명적으로 바꿀 수 있다.

희망적인 부분은 최근 학교 현장에서 새로운 수업과 평가 방식의 도입에 대한 관심이 많이 증가하고 있다. 새로운 변화를 시도하자는 목소리도 늘고 있다. 정부는 이런 변화의 불씨를 살려 교육 분야에서의 고질적인 문제들을 풀어나가고, 아래로부터의 변화를 확산할 수 있는 실용적인 방안을 마련하는 데 모든 노력을 기울여야 한다.

교육에 지각변동이 일어나고 있다. 코로나19가 교육의 급격한 변화를 촉발한 첫 지진현상이라면, 인공지능은 본격적인 대지진을 일으킬 폭발적인 힘을 축적하고 있다. 한국은 이 교육 지각변동의 주요한 진원지가 될 수 있다. 2019년 한국어능력시험(TOPIK)의 지원자가 83개국 38만 명에 달하였다는 점도 한국의 교육 허브로서의 가능성을 보여준다. 우리는 인공지능 교육과 관련한 초국가적 메가 프로젝트를 추진하여 4차 산업혁명을 이끌어나가는 인재를 양성하고, 코로나19 이후 확대되는 교육 격차를 해소하는 데 노력을 기울여야 한다. 메가 프로젝트라면 흔히 1조 원 이상의 대규모 건설 프로젝트를 떠올린다. 그러나 본래 뜻은 과학기술, 사회, 경제, 조직 등에서 엄청난 도전, 혁신, 전환을 요구하며 수년에 걸쳐 수백만 명에게 영향을 주는 대규모 복합적 투자 사업을 말한다. 이러한 정의에 가장 잘 부합하는 역사적인 메가 프로젝트는 1443년 세종대왕의 한글 창제다.

인공지능 교육은 4차 산업혁명 시대, 특히 코로나19 이후 전 세계 교육의 판도를 완전히 뒤바꿀 것으로 예측된다. 기술 개발 경쟁에서 앞서는 것이 전부가 아니다. 세계 각국이 직면한 더 큰 도전은 학교, 대학, 가정에서 인공지능 교육을 잘하도록 인프라를 갖추는 것에서부터, 교사가 AI 개인교사와 최적의 역할 분담을 이루어내는 것에 이르기까지 그 범위가 폭넓다. 인공지능 교육의 도입은 교육뿐만 아니라 사회경제 전반에 대전환을 이루는 의미 있는 혁신 과제다. 현재 인공지능 교육 메가 프로젝트를 성공시킬 수 있는 나라는 한국을 포함하여 세계에서 몇 되지 않는다. 한국이 세계에서 가장 먼저 인공지능 교육을 제대로 시행하는 목표를 달성하는 것만큼 우리 모두의 가슴을 뛰게 하는 일도 없을 것이다. 또한 인공지능 교육을 위한 우리나라의 노력이 디지털 격차를 해소하고, 모두를 위한 교육에 힘을 싣는 중요한 역할에 기여하기를 희망한다.

Innovation key word
교육 혁신 키워드

프로젝트 학습

우리나라의 입시제도는 세계적으로 유명할 만큼 경쟁적이고
치열하다. 이탈리아의 철학자 프랑코 베라르디(Franco Berardi)
는 한국 사회의 특징을 "끝없는 경쟁, 극단적 개인주의, 일상의
사막화, 생활 리듬의 초가속화"로 지적하면서 경쟁을 당연하게
받아들이는 한국 사회를 비판한 바 있다. 실제로 우리나라의
주입식 교육과 객관식 시험은 교육 개혁을 이루는 데 걸림돌이
되어왔다. 정답을 찾는 객관식 위주의 시험이 창의성을 키우는
데 도움이 될 리 없고, 과목별로 진행되는 교육과정과 시험으
로는 미래에 중요하게 요구되는 융합적인 사고를 기를 수 없다.

모든 사람이 실감할 정도로 변화가 더욱 빨라지고 있는 급격한 기술 변화의 시대에는 문제 해결 능력을 길러주는 교육으로 방향을 잡고 교육과정을 설계해야 한다.

스스로 생각하고 경험하며 깨닫는 프로젝트 수업

단순 암기력을 강조하는 주입식 교육은 어쩌면 4차 산업혁명 시대에 없어질 직업을 위한 교육일지도 모른다. 최근 교육계에서는 '소통(Communication), 협업(Collaboration), 비판적 사고(Critical thinking), 창의성(Creativity)'을 일컫는 4C 또는 21세기 역량에 대한 논의가 활발하다. 그리고 이런 미래 역량을 효과적으로 키워줄 수 있는 교육 방법으로 '프로젝트 학습'이 떠오르고 있다(일반적으로 교육학계에서는 프로젝트 기반 학습PBL, Project-based learning이라는 용어를 주로 사용한다). 프로젝트 학습은 우리가 강조하는 하이터치 하이테크에서 대표적인 하이터치 학습이다.

프로젝트 학습은 학생이 스스로 제안한 과제(프로젝트)를 다른 친구들과 서로 협력하여 해결하는 과정에서 자연스럽게 학습이 이루어지도록 유도하는 교육 방법이다. 예를 들어 '민주주의와 선거'를 다루는 중학교 사회 수업 시간을 생각해보자. 이는 실제로 프로젝트 학습을 연구하는 과정에서 2015년에 한 중학교에서 실시된 프로젝트 학습 사례다.

민주주의와 선거를 교육한다면, 기존 강의식 수업에서는 교사가 선거제도에 관한 교과서 내용을 일방적으로 학생들에게 전달하는 중심의 학습이 이루어진다. 반면에 프로젝트 학습 방식의 수업에서는 학생들이 가상의 '학생회장 선거'에 참여하여 친구들과 공약을 선정하고, 홍보하고, 상대 후보와 토론하는 등의 과정을 거치면서 선거제도를 자연스럽게 학습하게 된다. 교사는 지식의 전달자가 아닌 조력자가 되어 학생들이 스스로 학습하는 과정을 관찰하고 도와주는 데 주력한다. 이러한 과정에서 학생들은 선거제도를 좀 더 깊게 이해할 수 있을 뿐만 아니라 논리력, 발표력, 협동심도 배울 수 있다.

이처럼 스스로 문제를 제안하고 해결하는 방식의 수업은 비판적 사고와 창의성을 길러주는 데 도움이 된다. 또한 다른 친구들과 대화하며 문제를 풀어가는 법을 경험하면서 소통과 협업 능력도 키울 수 있다.

전 세계는 지금 프로젝트 수업 중

프로젝트 학습의 가장 대표적인 해외 사례로는 미국 첨단 기업의 산실인 캘리포니아주를 중심으로 점차 확산하고 있는 프로젝트 학습 모델 학교들을 꼽을 수 있다. 샌프란시스코 인근의 뉴텍고등학교(New Technology High School)를 비롯한 157개 학교가 전국적으로 네트워크(NTN, New Tech Network)를 이루어 프로젝트 학습 방식으로 교육하고 있다. 샌디에이고의 차터스쿨인 하이테크하이(High Tech High) 고등학교도 12개 학교와 네트워크를 구성하여 세계 교육 전문가들의 전시장이 되고 있다. 중국에서도 최근 베이징과 선전(深圳)에 하이테크하이를 모델로 하는 미래형 학교들이 신설되고 있다.

우리나라의 학교 현장에 프로젝트 학습은 얼마나 활발히 도입되어 있을까? OECD는 2008년부터 5년마다 세계 각국 중학교 교사들의 수업 방식을 조사하는 TALIS(Teaching and Learning International Survey) 설문조사를 실시하고 있다. 가장 최근에 실시된 2013년 TALIS 조사에 따르면, 우리나라 중학교 교사의 프로젝트 학습 비중은 전체 비교 대상국(총 34개국) 가운데 최하위를 기록했다. 우리나라는 덴마크, 노르웨이,

캐나다, 핀란드 등과 같은 선진국뿐만 아니라 칠레, 멕시코, 브라질, 불가리아 등과 같은 개발도상국에 비해서도 프로젝트 학습 비중이 크게 뒤처지고 있는 것으로 나타났다.

우리나라에서 그동안 프로젝트 학습이 활성화되지 못했던 가장 큰 장애물은 학생들이 많은 지식을 암기하여 선다형 문제에서 좋은 성적을 내도록 강요하는 입시제도다. 미래 사회가 인간에게 요구하는 것을 고려해볼 때, 학생들에게 미래 역량을 키워주기 위해서는 입시제도를 포함한 전면적인 교육 개혁이 필요하다. 일례로 홍콩은 2000년대부터 수업 방식뿐만 아니라 교육과정과 입시제도를 포함하는 전면적인 교육 개혁을 꾸준히 추진하고 있다. 하지만 당장 바꾸기 어렵다는 것을 핑계로 수업 방식에 대한 변화의 요구에 완전히 눈 감고 있을 수는 없다. 우리나라 교육 현장에서 프로젝트 수업을 확산하기 위한 세 가지 방안을 요약해보면 아래와 같다.

첫째, 프로젝트 학습 학교를 점진적, 단계적으로 늘려가야 한다. 학교 단위별로 학교장의 리더십 아래 대다수 교사가 학습법을 프로젝트 학습으로 전환하는 변화를 추구해야 한다. 이를 위해 정부는 학교들이 하나씩 프로젝트 학습 학교로 전환할 수 있도록 실효성 있는 지원 방법을 마련해야 한다.

둘째, 학교별 맞춤형 교사연수 및 컨설팅 체제를 구축해야 한다. 이것은 프로젝트 학습 학교를 지원하기 위해서 가장 필요한 사안이다. 먼저 외부 전문가팀에게 위탁하여 새로운 방식의 교사연수 및 지속적인 컨설팅을 시행해야 한다. 그리고 확산 단계에서는 교사들이 자발적으로 네트워크를 형성하여 프로젝트 수업을 할 수 있도록 간접적으로 지원해야 한다.

셋째, 자유학기 제도 및 수행평가 제도와 연계해야 한다. 프로젝트 학습은 최근 도입된 자유학기 제도와 상호 보완성이 높다. 자유학기에 프로젝트 학습을 도입하면 학생들은 선다형 평가에서 좋은 성적을 받아야 한다는 부담에서 벗어날 수 있다. 또한 프로젝트 학습이 확산되면 자연스럽게 학교 내신평가를 수행평가 중심으로 변화시킬 수 있다.

프로젝트 학습이 많은 장점을 가지고 있음에도 불구하고 아직 많은 학교로 확산되지 못한 이유는 교사의 부담이 증가할 수 있기 때문이다. 따라서 AI 개인교사를 도입하여 지식을 이해하고 기억하는 영역은 인공지능 기반의 맞춤형 학습으로 실시해 교사의 부담을 덜어주어야 한다. 그리고 교사들은 프로젝트 학습에 좀 더 집중해서 학생 모두에게 개별화 교육이 확산되도록 해야 한다. 이것이 하이터치 하이테크의 주요한 전략이다.

우리는 수능 중심의 주입식 교육 대안으로 도입되었던 입학사정관제도나 학생부종합전형이 아직 현장에 뿌리를 내리지 못한 근본적인 원인을 따져볼 필요가 있다. 교육 개혁의 핵심은 학교 현장에서 지식을 암기하도록 가르치는 것이 아니라 프로젝트 학습처럼 학생들이 스스로 문제를 제안하고 해결해가는 수평적 학습을 확산시키는 것이다. 경쟁을 완화하기 위해 교육 제도를 개선한다고 해도 개선 방향이 틀렸다면 우리 교육의 고질적인 문제들은 해소될 수 없다. 교육을 입시로 여기고 정답만을 찾아가는 주입식 가르침과 객관식 시험 체계가 바뀌지 않는다면, 학생들은 미래를 대비할 수 없다. 이는 국가적인 위기로 닥치게 될 것이다.

융합인재교육(STEAM)

교육 분야에서 융합은 한 영역에 국한되는 것이 아니라 초학문적인 접근을 포함하여 학습의 결과로 새롭게 만들어낸 지식과 경험 등을 포괄하는 개념이다. 즉 '융합교육'은 두 개 이상의 학문이나 연구 분야를 결합하는 것을 포괄하는 개념으로 정의된다.

융합교육의 개념은 좀 더 구체적으로 다섯 가지 관점에서 설명할 수 있다. 첫째, 융합은 자신의 전문 분야에 거점을 두고 몰랐던 다른 분야와 부딪히면서 정보를 생산해내는 과정이다. 둘째, 융합은 산업사회의 분업, 개별화, 고립된 전문화로 인한 문제점을 깨닫고 다양한 영역을 전체적으로 볼 수 있는 시각을 지녀야 한다는 시대적 필요에 의해 중요시되고 있다. 셋째, 융합은 수많은 정보 속에서 지식을 재구조화하고, 이질적인 영역들을 하나로 범주화해 새로운 지식과 경험을 만들어내는 개념이다. 넷째, 융합은 본질적으로 각기 다른 영역에 대한 소통과 이해를 의미한다. 다섯째, 융합은 전체를 보는 관점을 갖는 것이다.

개별 교과의 벽을 넘어 융합인재교육(STEAM)으로

국내에서 융합교육은 STEM, 통합교육, 학제 간 교육 등 여러 용어가 혼용되고 있다. 한국적 융합교육으로 지칭되는 '융합인재교육(STEAM)'은 미국의 STEM(Science, Technology, Engineering, Mathematics) 교육 개념에 예술(Arts)을 접목한 방식이다. 초·중등 교육과정에서 과학기술에 대한 흥미를 불러일으키고 창의성과 문제 해결력을 높이기 위해 교육부가 '2011년 교육계획'에서 처음으로 다루어 발표했다. 말 그대로 과학, 기술, 공학, 예술, 수학 교과 간의 통합적인 교육 접근 방식을 의미한다.

융합교육은 개별 교과 중심으로 분절된 교육의 한계를 극복하고, 학생들이 미래 핵심 역량인 창의성과 협동 능력을 기르도록 하는 것이 목적이다. 교육 전문가들에 따르면 창의력은 좌뇌와 우뇌를 균형 있게 발달시키는데, 뇌의 여러 부분이 긴밀하게 작용할 때 더욱 잘 개발될 수 있다. 따라서 창의력과 문제해결 능력이 더욱 중요시되는 미래 사회에서 학생들이 유연하게 대처해나가기 위해서는 기존의 개별적인 과목 중심 수업에서 벗어나야 한다. 그리고 학문 간 융합과 다양한 분야가 연계된 주제별 학습으로 종합적인 사고력을 훈련할 수 있는 교육이 이루어져야 한다.

예를 들어 한글을 주제로 한 융합교육이라면 역사 과목에서 한글이 창제된 배경과 그 시대의 역사적 특징을 학습할 수 있고, 과학 과목에서는 한글이 과학적으로 어떻게 뛰어난지 객관적으로 분석해보는 시간을 가질 수 있다. 정보나 기술 과목에서는 한글의 우수성에 대해 작성한 글을 유튜브 영상으로 제작해 소개해보는 활동을 해볼 수 있다. 유튜브로 다른 나라 사람들에게 한글의 아름다움과 우수성을 알리고 소통하는 시간을 마련해보는 것이다. 그 과정에서 온라인상에서 지켜야 할 윤리 교육을 하는 것도 좋은 방법이다.

앞에서 언급했듯이 미국 학교 네트워크의 원조라고 할 수 있는 NTN(New Tech Network)의 출발점은 캘리포니아 나파밸리에서 1996년에 문을 연 뉴텍고등학교다. 이 학교의 모든 수업은 두 과목 이상을 융합한 프로젝트 학습으로 진행된다. 교사는 학생들이 다양하게 팀을 이뤄 좀 더 깊게 학습할 수 있도록 프로젝트 학습을 설계하고 실행한다. 이 학교는 한 교실에서 두 명의 교사가 두 과목을 융합해 수업을 진행하는데 교사 두 명 모두 강의하지 않고 학생들이 팀을 이뤄 프로젝트를 진행하는 방식으로 수업한다. 예를 들어 역사와 영어 과목을 융합하여 문학에서 묘사된 역사적 사실에 관해 학생들이 팀별로 주도적으로 주제를 정하고, 그 주제에 따라 다양한 정보를 활용하여 글을 작성하고 발표한다. 이 학교는 대구시교육청과 한국개발연구원(KDI)이 함께 추진한 대구시 학교들의 프로젝트 학습 모델이 되었다.

참고로, NTN은 프로젝트 학습 모델을 지속해서 발전시키고 확산시키는 데 중요한 역할을 하는 학교들의 네트워크다. 두 과목 이상을 융합해 학생들에게 프로젝트 학습을 교육하려면 교실에서 프로젝트 학습을 지도해본 교사들의 경험이 도움이 된다. NTN은 프로젝트 학습을 도입하려는 학교의 교사연수에 이 분야 경험이 풍부한 교사들을 보낸다. 동시에 프로젝트 학습을 통한 학생 평가, 기록 등 교사들에게 유용한 자료들을 공유하는 학습 플랫폼도 운영하고 있다.

융합교육으로 교육의 틀을 깨자

융합교육은 교과 간의 단편적인 융합을 넘어 교육 활동 간 융합, '개인-학교-사회'의 융합, 지능정보 기술의 활용, 교육과정의 혁신 등 교육의 전 영역에서 이루어진다. 따라서 융합교육을 도입해 미래사회의 요구에 따라 학생들이 실제 생활에서 문제를 해결하는 역량뿐만 아니라 스스로 문제를 찾아내는 역량을 기를 수 있도록 수업 방식을 혁신해야 한다.

기존의 학문 구분 방식은 주요한 사회 문제와 미래 과제를 해결하는 데, 시대에 뒤처져 있다. 이러한 학문 구분을 초월하여 교과를 융합하는 것이 중요하다. 융합교육 방식은 대학 교육에서 좀 더 활발히 이루어지고 있는데, 애리조나주립대학교의 경우 지질학과와 천문학과를 융합하여 '지구·우주탐사학과'를 설립했다. 또 생물학·인류학·사회학·지질학 전공 학자들을 모아 '인간 진화와 사회변화학과'를 설립하기도 했다.

융합교육은 우리나라 교육과정 흐름 전반에 영향을 미쳐, 지난 2015년에는 '창의·융합형 인재 양성을 위한 교육과정 개정'이 이루어졌다. 여기서 창의·융합형 인재란 인문학적 상상력과 과학기술 창조력은 물론 올바른 인성을 갖춘 인재로서, 지식을 창조하고 융합해 새로운 가치를 창출할 수 있는 인재다. 개정된 교육과정의 가장 큰 특징은 '문·이과 통합형 교육'을 지향하는 선택형 교육과정이라는 점이다. 즉 학생들이 문·이과 공통과목을 학습하면서 기초 소양을 함양한 후, 학생 각자의 진로와 적성에 따라 맞춤형으로 교육받을 수 있도록 선택과목이 개설

된다.

　교육 혁신을 이루기 위해서는 기존의 학문 분류와 과목 분류로 인한 경직된 교육에서 벗어나야 한다. 학생의 수준을 고려하지 않는 획일적인 수업, 점수 따기 식의 문제 풀이 수업 등 학생들의 학습 동기를 끌어내지 못하는 주입식 교육을 더 이상 이어가서는 안 된다. 만약 우리 아이들이 기성세대가 수십 년 전 학교에서 배우던 방식대로 국어 영어 수학 사회 과학으로 나누어 배우고, 고등학교부터는 문과와 이과로 나누어 배우고, 대학에서도 과거와 똑같은 전공으로 구분하여 배운다면 급변하는 미래에 대응할 수 있을까? 인공지능에 대체되지 않고, 인공지능을 잘 활용하고 만들어낼 수 있을까? 점점 복잡하고 어렵게 꼬여가는 인류의 난제들을 해결할 수 있을까? 이 질문에 대한 당연한 결론은 '융합교육'이 인공지능 교육의 핵심 방향이 되어야 한다는 것이다.